Das Buch

Unter den zahlreichen Dichtern, die zur Zeit des Kaisers Augustus gewirkt haben, nimmt der geniale Publius Ovidius Naso (43 v. Chr. bis ca. 17 n. Chr.) eine herausragende Stellung ein. Er hat sich in verschiedenen literarischen Gattungen bewegt, und er hat immer wieder erotische Themen behandelt, so in seiner vielgelesenen – mit der Systematik des Lehrbuchs geistreich spielenden – ›Ars amatoria‹. Besonders wirkungsreich ist sein großes Gedicht ›Metamorphosen‹, dessen weitgespannte Darstellung von Verwandlungssagen die Literatur und die bildenden Künste über die Antike hinaus bis in die Neuzeit nachhaltig zu beeinflussen vermochte.

Dieses Buch eröffnet dem Leser einen Zugang zu Ovids komplexem Œuvre. Nach allgemeinen Überlegungen zum literarischen Genre werden jeweils einzelne Gedichte oder größere zusammenhängende Passagen eingehend betrachtet. Die Interpretationen analysieren unter Einbeziehung der neueren Forschung vor allem die Struktur der Texte und deren Bezug zur literarischen Tradition.

Der Autor

Siegmar Döpp, geb. 1941 in Marburg, war Professor an der Universität München und lehrt seit 1987 Lateinische Philologie an der Ruhr-Universität Bochum. Er beschäftigt sich vor allem mit römischer Literatur der Klassik, des ersten nachchristlichen Jahrhunderts – »Silberne Latinität« – und der Spätantike. Veröffentlichungen zu Cicero, Ovid, Prudentius und Claudian, ferner zur Epochenproblematik und zur Rezeption literarischer Vorbilder.

Siegmar Döpp:

Werke Ovids
Eine Einführung

Deutscher
Taschenbuch
Verlag

Originalausgabe
November 1992

Umschlaggestaltung: Celestino Piatti
Umschlagbild: Erotische Szene. Wandmalerei aus Pompeji. Museo Nazionale, Neapel (Foto Erich Lessing; Archiv für Kunst und Geschichte, Berlin).
Gesamtherstellung: C. H. Beck'sche Buchdruckerei, Nördlingen
Printed in Germany · ISBN 3-423-04587-6

Inhalt

Vorbemerkung

Diese Schrift möchte dem Leser zu Ovids facettenreichem Œuvre einen ersten Zugang eröffnen. Allerdings werden nicht sämtliche Werke des Dichters behandelt; unberücksichtigt bleiben vor allem die (nicht vollendeten) ›Fasti‹ und – mit einer Ausnahme – die während der Verbannung entstandenen Gedichte. Was die Anlage betrifft, so unterscheidet sich diese Einführung von Büchern ähnlicher Zielsetzung dadurch, daß jeweils nach Überlegungen allgemeiner Natur, insbesondere zum literarischen Genre, ein einzelnes Gedicht oder eine größere zusammenhängende Gedichtpassage näher betrachtet wird. In diesen interpretierenden Abschnitten wird vor allem auf die Struktur der Beispieltexte und auf Bezüge zu literarischen Vorbildern geachtet. Anderes bleibt ausgespart, beispielsweise der sozialhistorische Aspekt – nicht etwa weil er weniger wichtig wäre (er spielt vielmehr für manche Gedichte eine bedeutsame Rolle), sondern einfach deswegen, weil mir hier noch zu viel ungesichert zu sein scheint.

Über das im einzelnen Angemerkte hinaus verdanke ich den Untersuchungen folgender Forscher besonders viel: Michael von Albrecht, Hermann Fränkel (auch für die Auswahl der Beispiele), G. Karl Galinsky, Hans-Bodo Guthmüller, Niklas Holzberg, Meike Keul, Joachim Latacz, Christoff Neumeister und Wilfried Stroh. Eine Reihe von Korrekturen hat Jan Beck beigesteuert.

Bochum, August 1991

I. Einführung
Zu Ovids Leben (und zu seiner Autobiographie)

Publius Ovidius Naso gehört gewiß zu den größten Dichtern der Römer. Doch so bedeutend er ist, die moderne Philologie, vor allem die deutsche, tut sich mit ihm nicht leicht. Seine dichterische Eigenart ist schwer zu fassen; er hat offenbar etwas Chamäleonhaftes. Bezeichnenderweise gilt Ovids großes episches Werk, die ›Metamorphosen‹, heutzutage als eine der schwierigsten Dichtungen römischer Literatur überhaupt.

Geboren ist Ovid im Jahre 43 v. Chr., zwölf Jahre vor der Schlacht bei Actium, die ja, ein Epochendatum, die Wende von der Republik zur Einzelherrschaft, zum Kaisertum markiert – bereits drei Jahre nach Actium erhält der damals siegreiche Octavianus den Ehrennamen *Princeps* (erster Bürger), und wenig später, Anfang 27 v. Chr., verleiht der Senat ihm den Ehrentitel *Augustus* (der Erhabene). Der Kaiser nun wird für Ovid zum Schicksal: Augustus ist es, der den Dichter im Jahre 8 n. Chr. relegiert, ihn ohne Entziehung des römischen Bürgerrechts aus der Metropole entfernt, ins ferne Tomi (oder auch: Tomis) am Schwarzen Meer (im heutigen Rumänien) schickt, weit weg von seinem geliebten, dringend benötigten Rom. Und dort, am Schwarzen Meer, ist Ovid 17 oder 18 n. Chr. gestorben, wenige Jahre nach Augustus, unter dessen Nachfolger Tiberius.

So fällt der allergrößte Teil von Ovids Leben, vor allem aber nahezu seine ganze Schaffenszeit unter die Regierung des Augustus. Hinsichtlich der literarischen Tätigkeit gilt dasselbe etwa noch für Properz und Tibull; beide schreiben in der Anfangsphase des Kaisers, in der auch ein großer Teil der Werke des Vergil und des Horaz entsteht, nur daß diese beiden viel früher mit dem Dichten beginnen, rund ein Jahrzehnt vor der Schlacht von Actium, im letzten Jahrzehnt der Republik. Alle diese Dichter pflegt der Literarhistoriker der »klassischen« Epoche römischer Literatur zuzuordnen[1].

[1] Zu Abgrenzung und Charakterisierung der »klassischen« Epoche s. Fuhrmann.

Ovid nun ist als der am spätesten Geborene derjenige der römischen Klassiker, der die Republik nur in seiner frühen Jugend erlebt hat und dessen Schaffen sich über die gesamte Regierungszeit des Augustus (und noch ein wenig darüber hinaus) erstreckt. Die Lebenserfahrung des Dichters ist also eine wesentlich andere als die von Vergil, Horaz, Properz und Tibull: einmal dadurch, daß Ovid vom Erlebnis der Bürgerkriege im Schlußabschnitt der Republik nicht mehr geprägt werden konnte, zum anderen dadurch, daß er Zeuge des Wandels wurde, der sich innerhalb der viereinhalb Jahrzehnte von Augustus' Herrschaft im politischen, vor allem aber im geistigen Leben vollzog und der schließlich zu einer spürbaren Erstarrung führte. Es liegt auf der Hand, daß Ovid die Welt mit ganz anderen Augen sah als seine Klassikerkollegen Vergil, Horaz, Properz und Tibull und ebenso, daß sich dies in seinem Œuvre niederschlägt.

Was Ovids Dichtungen angeht, so genügt es schon, die Titel Revue passieren zu lassen, um zu sehen, welch imposantes, vielfältiges Werk er hinterlassen hat.

Ovid beginnt mit den ›Amores‹, von denen zunächst nach und nach fünf Bücher erscheinen; später hat er die Sammlung gestrafft und auf drei Bücher verkürzt. Es handelt sich dabei um Gedichte, welche die durch Catull, vor allem aber durch Cornelius Gallus, Properz und Tibull repräsentierte Spezies der subjektiv-erotischen Elegie[2] fortführen und für lange Zeit die letzten dieser Art bleiben sollten. Wohl als nächstes entsteht eine Tragödie über einen Stoff, den Ovid mehrfach behandelt hat: ›Medea‹. Von diesem Drama haben sich nur dürftigste Reste erhalten; in Ovids dichterischer Entwicklung bleibt die Tragödie Episode. Es folgen die ›Heroides‹, eine Reihe elegischer Briefe, die der poetischen Fiktion nach von großen Frauengestalten des Mythos verfaßt werden, um den geliebten Mann zu einer Änderung seiner Haltung zu bewegen; beispielsweise schreibt Phaedra an ihren spröden Stiefsohn Hippolytus in der Erwartung, ihn doch noch zu einem Liebesverhältnis zu überreden. Im An-

[2] Als »subjektiv erotisch« pflegt man seit Felix Jacobys Aufsatz von 1905 diejenigen Elegien zu bezeichnen, in denen das sprechende Ich – das mit dem realen Autor des Gedichts nicht identisch ist und auch »elegisches Ich« oder »der Sprechende« oder »Persona« genannt werden kann – auf sein »Erleben« in einer Liebesbeziehung eingeht; s. dazu Holzberg (1990/I) 1–11.

schluß an die ›Heroides‹, vielleicht aber auch teilweise in Überschneidung mit ihnen setzt eine Phase didaktischer, in elegischen Distichen verfaßter Poesie ein. Thematisch verwandt sind dabei folgende Gedichte: ›Ars amatoria‹ (in drei Büchern), ›Medicamina faciei femineae‹ (Kosmetik des weiblichen Gesichts) und als Gegenstück zur ›Ars amatoria‹ die ›Remedia amoris‹ (Heilmittel gegen das Verliebtsein). In die Gruppe der didaktischen Gedichte gehören schließlich die ›Fasti‹, die am Leitfaden des Kalenders den Ursprung römischer Feste darstellen, ein Werk aitiologischen Inhalts also. Ovid hat die ›Fasti‹ nicht vollendet, sondern nur die ersten sechs Monate behandelt und nach seiner Verbannung am Vorhandenen gelegentlich Retuschen vorgenommen[3]. Spätestens um die Zeitenwende beginnt die Ausarbeitung der ›Metamorphosen‹, eines hexametrischen Gedichts in fünfzehn Büchern; schon die Wahl des Versmaßes deutet darauf hin, daß sich Ovid mit diesem Werk in die Tradition des Epos stellt. In den Jahren von 8 bis 17 n. Chr. entstehen schließlich, wiederum in elegischer Gestalt, jene Dichtungen, die sich überwiegend mit seiner neuen Situation befassen: fünf Bücher ›Tristia‹, vier Bücher ›Epistulae ex Ponto‹ (Briefe vom Schwarzen Meer)[4], das (elegische) Schmähgedicht ›Ibis‹ und das nur fragmentarisch erhaltene hexametrische Lehrgedicht über Fische, ›Halieutica‹. Ob diese beiden letzten Werke allerdings wirklich Ovid gehören, ist umstritten[5]. Ovids immenser Ruhm hat rasch dazu geführt, daß Spätere eigene Dichtungen unter seinem Namen veröffentlichten; insbesondere aus dem Mittelalter gibt es eine ganze Reihe solcher Pseudo-Ovidiana[6].

Der Katalog der Werke zeigt, daß Ovid eine ausgesprochene Vorliebe für zwei Versmaße hatte, für das elegische Distichon und für den (stichisch verwendeten) Hexameter – nur einmal, in der Tragödie ›Medea‹, hat er sich in jambischen Maßen versucht. Des weiteren ergibt sich aus dem Überblick eine erstaunliche Fülle literarischer Formen und

[3] Eine sehr gute Einführung in die neuere Forschung zu den ›Fasti‹ gibt Braun.

[4] Zu ›Tristia‹ und zu ›Epistulae ex Ponto‹ s. aus jüngerer Zeit Stroh (1981); Evans; Stabryła 282–332.

[5] Zu diesen und anderen Gedichten, bei denen Ovids Verfasserschaft umstritten ist, s. Richmond.

[6] Einführendes zu mittelalterlichen Pseudo-Ovidiana bei Lenz.

Gattungen: Liebeselegie, elegischer Heroinenbrief, Tragödie, elegische Lehrdichtung, mythologisches Epos, aitiologische Elegie, Trauerelegie, poetischer Brief (und vielleicht noch Schmähgedicht und hexametrisches Lehrgedicht). So bewegt sich Ovid bei aller Vorliebe für bestimmte Versmaße in poetischen Gattungen höchst unterschiedlichen Charakters – in der Vielfalt der verwendeten literarischen Genera übertrifft er die anderen Repräsentanten der römischen Klassik.

Eine erste Annäherung an Ovid ergibt sich, wenn man sich ein wenig mit seinem Leben befaßt. Zu einer ganzen Reihe römischer Dichter haben sich aus der Antike in Prosa geschriebene zusammenhängende Biographien erhalten; bei Ovid ist das nicht der Fall. Und was etwa Spätantike und Mittelalter über sein Leben zu sagen wußten, hat keinen dokumentarischen Wert. So bleibt man auf spärliches antikes Material angewiesen. Es sind dies einmal Erwähnungen bei dem älteren Seneca (der Ovid gut gekannt hat), zum anderen Hinweise auf das Leben beim Dichter selbst. Und ihnen, den autobiographischen Aussagen Ovids, läßt sich das meiste abgewinnen; die Beschäftigung damit führt uns ein erstes Mal an sein Werk heran.

Dabei stellt sich sehr rasch ein Problem: In den sogenannten subjektiven Liebeselegien, den ›Amores‹, spricht ein Ich über sein persönliches Erleben. Sind wir befugt, diese Schilderungen für die Rekonstruktion von Ovids Leben auszuwerten? Immer wieder haben Philologen versucht, aus den Aussagen des Ichs in den ›Amores‹ (und auch in anderen Dichtungen) ein Bild des jungen Ovid zu gewinnen und die Stationen seiner Liebeserfahrungen nachzuzeichnen. Doch wer das tut, setzt sich über dezidierte Aussagen des Dichters selbst hinweg. Ovid hat sich nämlich (wie auch andere römische Dichter, etwa Catull[7]) entschieden dagegen verwahrt, daß der Leser das, was er in seinen Werken berichte, einfach als persönliche Erlebnisse ansehe, und dabei zwischen »Dichtung« und »Leben« eine strikte Trennlinie gezogen. Besonders einschlägig ist hier ein Passus aus dem zweiten Buch der ›Tristia‹; es handelt sich dabei um einen großen Brief, den der relegierte Ovid an Augustus richtet. Da heißt es etwa (353–356):

[7] Catull c. 16.

crede mihi, distant mores a carmine nostro
(uita uerecunda est, Musa iocosa mea)
magnaque pars mendax operum est et ficta meorum:
plus sibi permisit compositore suo.

Glaube mir (Augustus): Mein Verhalten ist von meiner Dichtung verschieden. Mein Leben ist sittsam – nur meine Muse erlaubt sich zu scherzen, und ein großer Teil meiner Werke beruht auf freier Erfindung: Dieser Teil hat sich mehr erlaubt als sein Verfasser.

Nun dient ja der Brief insgesamt der Verteidigung – damit mag es zusammenhängen, daß der Gegensatz zwischen »Buch« und »Leben« hier so pointiert ist. Doch das ändert nichts daran, daß Ovid selbst den weitgehend fiktiven Charakter seiner Liebesdichtungen beachtet wissen will.

Wenn damit die ›Amores‹ (und verwandte Dichtungen) ausscheiden, so bleiben als Zeugnisse für Ovids Leben jene Gedichte, die erklärtermaßen autobiographisch verwertbares Material bieten wollen. Am wichtigsten ist die Elegie, mit der das vierte Buch der ›Tristia‹ ausklingt (4,10)[8].

Dies lange Gebilde (132 Verse) erfüllt eine doppelte Funktion. Einmal dient es als »Sphragis«, d. h. als eine Selbstvorstellung des Dichters, die dem ganzen Buch ihr Schlußsiegel aufdrückt (wie etwa bei Properz die Elegie 1,22)[9]. Mit der Aufgabe einer Sphragis wird nun ein Zweites verbunden: die Dichterbiographie, wie sie sonst etwa von einem gelehrten Kommentator oder einem Herausgeber einem Buch beigegeben werden konnte. In ähnlicher Weise vereinigt finden sich diese Elemente vor Ovid bereits bei Horaz im Schlußgedicht seiner ersten Briefsammlung (epist. 1,20). Horaz hat sich allerdings auf wenige, überdies stichwortartige Angaben zu seiner Person beschränkt und nur eine ganz knappe Selbstcharakteristik gegeben; eine ausführlichere Darstellung hätte in der Sammlung, die sich ja mit ethischen Fragen befaßt, keinen rechten Platz gehabt. Ovid dagegen schildert in

[8] Eine literarästhetische Würdigung dieses Gedichts (die hier nicht beabsichtigt ist) gibt Fairweather; s. ferner Paratore und Fredericks. Zitiert wird trist. 4,10 im folgenden nach der Ausgabe von Owen.

[9] Zu Properzens Sphragis in Buch 1 s. Döpp (1985).

trist. 4,10 nacheinander alle Phasen seiner Vita; was also sonst Aufgabe eines Dritten war, das übernimmt der alt gewordene Dichter hier selbst – er blickt zurück auf sein ganzes Leben und seine dichterische Laufbahn. Das Ergebnis ist, literarhistorisch betrachtet, etwas Einmaliges: trist. 4,10 ist die erste ausführliche poetische Autobiographie, die wir aus dem Altertum besitzen[10].

Eine weitere Besonderheit des Gedichts zeigt sich, wenn man es mit anderen Elegien aus der Sammlung ›Tristia‹ vergleicht: Dort dominiert die Klage über das Los des Relegierten, über seine prekäre Situation; dies Element fehlt hier zwar keineswegs, aber es drängt sich nicht vor, ist vielmehr etwas anderem untergeordnet: eben dem ruhigen, überlegenen Blick auf das ganze Dasein und dem stolzen Bericht über den dichterischen Werdegang. Nicht als der Relegierte, hart Bestrafte tritt Ovid hier hervor, sondern, am Anfang und am Ende, als der große, seines Nachruhms gewisse Dichter (dies wirkt sich auf die Auswahl dessen, was gesagt wird, aus). Und nicht an Freunde und Nahestehende wendet sich Ovid, damit sie sein Schicksal erleichtern, ihm Begnadigung verschaffen sollen (so geschieht es in der Regel bei den anderen Elegien dieser Zeit), sondern der Dichter richtet sein Wort an die Leser, und zwar an die künftiger Epochen. So hebt sich dieses Gedicht, vom inhaltlichen Interesse einmal ganz abgesehen, auch durch die innere Haltung des Schreibenden aus den Elegien der Relegationszeit heraus.

Die Nachwelt wird gleich im ersten Distichon des Gedichts angesprochen:

ille ego qui fuerim, tenerorum lusor amorum,
quem legis, ut noris, accipe posteritas:

Wer ich war, ich, der Dichter zart tändelnder Liebeslieder,
vernimm, Nachwelt, damit du den, den du liest, kennenlernst.

Ovid richtet sich also an die späteren Leser, die auch an seinem Leben Interesse haben; in diesem Sinne redet er

[10] Misch 320.

V. 91 f. »die mir gewogenen Herzen« an, »die ihr nach den Taten meines Lebens fragt«. Und mit einem Dank an den »geneigten Leser« endet das Gedicht (132).

Der Schlußpassus ist ganz vom Gedanken an den Nachruhm bestimmt; dank seinem Ansehen bei den späteren Generationen werde er, wenn er sterbe, doch nicht »begraben sein« (129–132). In diesen Worten drückt sich dieselbe Gewißheit aus, die Ovid im Anschluß an Horazens Ode 3,30 schon ganz zu Beginn seiner dichterischen Laufbahn formuliert hatte – das erste Buch der ›Amores‹ endet mit den Worten: »so werde ich denn, wenn das letzte Feuer mich verzehrt, leben, und ein beträchtlicher Teil von mir wird überdauern« (am. 1,15,41 f.).

Die Lebensbeschreibung selbst beginnt Ovid mit der Angabe des Geburtsorts und des Geburtsjahrs. Er stammt aus Sulmo, der Hauptstadt der Paeligner, 90 Meilen östlich von Rom. Das Jahr 43 v. Chr. wird umschrieben mit den Worten »cum cecidit fato consul uterque pari« (als die beiden Consuln durch das gleiche Geschick fielen). Es waren damals Aulus Hirtius und Gaius Vibius Pansa im Kampf gegen Antonius umgekommen, der eine in der Schlacht (bei Mutina/Modena), der andere bald darauf infolge einer Verwundung. Das Jahr 43 nun ist das Todesjahr Ciceros und markiert den Beginn jener Machtkämpfe, die schließlich zum Principat führen. Doch diese Ereignisse werden von Ovid nicht berührt, er begnügt sich mit jener pointierten Umschreibung, der einige Verse später, in V. 13 f., noch die ergänzende Angabe des Tages folgt: Es ist der 20. März, der mit dem Hinweis auf ein Minervafest bezeichnet wird.

In V. 7 f. geht Ovid auf seine Herkunft ein: Er entstammte einem Rittergeschlecht, und zwar – darauf legt er besonderen Wert – einem alten Rittergeschlecht, nicht einem, das erst in den Wirren der späten Republik emporgetragen wurde. Anders als im Falle von Vergil und Horaz besaß seine Familie genügend Vermögen, so daß er von Haus aus unabhängig war. Dies ist auch der Grund, warum er nicht in demselben Maße wie etwa Vergil und Horaz oder auch Properz und Tibull Anschluß an einen *patronus* gesucht hat – so sehr er auch dem Messalla Corvinus (dem Gönner Tibulls) nahestand.

Ovid war auf derartige Förderung nicht angewiesen. Er

wurde in äußerlich günstige Bedingungen hineingeboren, auch blieben seiner Familie jene Landenteignungen erspart, mit denen sich etwa für Vergil so schmerzliche Erfahrungen verbanden.

Zusammen mit seinem Bruder, der genau ein Jahr älter war als er, erhielt Ovid seine Ausbildung in Rom. Der Vater sorgte dafür, daß beide dort von den besten Lehrern unterrichtet wurden (15f.):

> protinus excolimur teneri curaque parentis
>   imus ad insignes urbis ab arte uiros

> In noch sehr jungem Alter werden wir bereits unterrichtet, und dank der väterlichen Fürsorge gehen wir zu Männern Roms, die durch ihr Können hervorstechen.

Offenbar hatte der Vater geplant, seine beiden Söhne auf eine öffentliche Laufbahn vorzubereiten. Aber während der Bruder seit früher Jugend in der Tätigkeit eines forensischen Redners seine Lebensaufgabe sah, diesem Ziel nachstrebte und dies auch seiner Anlage entsprach, fühlte sich der junge Ovid von Anfang an zum Dichten hingezogen (19f.). Von seinem Vater sei er freilich oft gescholten worden, daß er sich damit einer unnützen Beschäftigung *(studium inutile)* zuwende – selbst der berühmteste aller Dichter, Homer, habe es zu keinem nennenswerten Reichtum gebracht (21f.). Anfänglich, so berichtet Ovid weiter, zeigten die Worte des Vaters bei ihm Wirkung: Er nahm sich vor, den Musenberg, den Helikon, zu verlassen und nurmehr »Worte zu schreiben, die aus der rhythmischen (d.h. poetischen) Fügung gelöst sind«, Prosa also (24). Doch in diesem Augenblick sei etwas Wunderbares geschehen (25f.):

> sponte sua carmen numeros ueniebat ad aptos
>   et quod temptabam dicere, uersus erat

> Aber die Wortfügung kam von selbst zu den passenden Rhythmen, und was ich zu schreiben versuchte, wurde zum Vers.

Immer wieder wird dies Distichon so verstanden, als wolle Ovid sich als Virtuosen darstellen, »dem die Verse nur so aus der Feder strömen«. Gegen diese verbreitete Auffassung wendet sich mit Recht Wilfried Stroh in einer glänzenden Interpretation[11]. Ovid trifft hier keine Aussage über sein meisterhaftes Können, sondern schildert ein einmaliges Geschehen, seine endgültige Hinwendung zum Dichterberuf, bei der die in V. 20 erwähnte Muse ihre Hand im Spiel hat: In jenem Augenblick, da er sich in Prosa versuchen wollte, standen unvermutet Verse da.

Zu dieser Zeit, im Jahre 24 v. Chr., stirbt, zwanzigjährig, Ovids Bruder; Ovid selber hat inzwischen ein Amt bekleidet, ist einer der *tresuiri*, Dreimänner, gewesen – er beläßt es bei dieser allgemeinen Formulierung, äußert sich nicht dazu, ob er nun zu den *tresuiri capitales* gehörte, die den Strafvollzug zu überwachen hatten, oder zu den *tresuiri monetales*, die sich um Finanzdinge kümmern mußten. Jedenfalls war es ein Amt, das am Anfang der üblichen Laufbahn stand – der nächste Schritt wäre die Quästur gewesen und damit dann die Aufnahme in den Senat. Aber an diesem Punkte bricht Ovid die politische Karriere ab; weder physisch noch seiner Mentalität nach fühlt er sich für das ehrgeizige, gehetzte, an Intrigen reiche Dasein des Politikers geeignet (36–38):

maius erat nostris uiribus illud onus.
nec patiens corpus nec mens fuit apta labori,
sollicitaeque fugax ambitionis eram.

Zu groß war diese Bürde [des senatorischen Amts] für meine Kräfte. Weder war mein Körper ausdauernd genug noch mein Geist der Strapaze gewachsen, und ich begab mich auf die Flucht vor dem unruhigen Treiben des Ehrgeizes.

Wem er sich anschließt und in wessen Nähe er zu gelangen trachtet, das sind nicht mehr einflußreiche Politiker, sondern die großen Dichter der Zeit. Ovid nennt Aemilius Macer aus Verona, den 16 v. Chr. verstorbenen Verfasser von (nur ganz fragmentarisch erhaltenen) Lehrgedichten, Properz, den

[11] Stroh (1968).

Epiker Ponticus, der eine (heute verlorene) ›Thebais‹ geschrieben hat, den Jambendichter Bassus (der auch Properz und Horaz zu seinen Freunden zählte), Horaz, Vergil und Tibull. Vergil freilich habe er nicht mehr näher kennenlernen können, und bei Tibull habe dessen früher Tod eine längere Freundschaft verhindert; immerhin hat Ovid zu Tibull in engerer Beziehung gestanden, er hat seinen Tod in der ernstesten seiner frühen Elegien (am. 3,9) beklagt[12].

So wird hier also eine Reihe von Dichternamen vorgeführt, und dann, an die Erwähnung Tibulls anschließend, hebt Ovid noch einmal einige in besonderer Weise heraus, diesmal nicht um seiner persönlichen Bekanntschaft willen, sondern als Repräsentanten einer bestimmten Dichtungsform, der Elegie (53f.):

successor fuit hic tibi, Galle, Propertius illi;
  quartus ab his serie temporis ipse fui

Mit »hic« ist hier ebenso wie mit »illi« Tibull, der unmittelbar zuvor Genannte, gemeint:

> Tibull folgte auf dich, Gallus; Properz wiederum (folgte) auf Tibull; der Vierte in dieser Reihe war ich selbst.

Properz, eben bereits als einer der Freunde Ovids erwähnt, taucht hier ein zweites Mal auf; in der Tat ist sein Werk für Ovid außerordentlich wichtig geworden[13]. Worauf es Ovid jetzt (in V. 53f.) ankommt, ist, eine Entwicklung der Elegie darzustellen und auf diese Weise seinen eigenen Ort innerhalb der Gattungsgeschichte zu bestimmen. Als erster Elegiker, als Archeget, erscheint Cornelius Gallus, als zweiter Tibull, als dritter Properz, und Ovid selbst beschließt die Reihe[14]. Sachlich ist die von Ovid angeführte Abfolge wohl nicht ganz zutreffend – insofern, als Properz bereits kurze Zeit vor Tibull mit seinen ersten Elegien hervorgetreten sein wird. Doch davon abgesehen, zeigt Distichon 53f., wie sehr

[12] Dazu Koster 13–17.

[13] Zur Properzrezeption in Ovids ›Amores‹ s. Berman (1969; 1972; 1975) und Morgan.

[14] Zur Entwicklung der römischen Liebeselegie s. Holzberg (1990/I) 1–26.

die Verfasser subjektiv-erotischer Elegien ihre Gedichte als eigene literarische Form begriffen, die sich historisch würdigen ließ.

Zugleich hat Ovid durch die Erwähnung und Charakterisierung seines Freundes Tibull und der anderen Elegiker einen mühelosen Übergang gewonnen, um von seinem eigenen Dichten zu sprechen – die Worte »quartus ab his« führen wie von selbst dazu. Wie Ovid nunmehr mitteilt (55 f.), ist er durch seine ersten Dichtungen rasch berühmt geworden, so daß die noch Jüngeren verehrungsvoll zu ihm aufschauten wie er zu den Älteren.

Sodann erfährt man (in 57–60) Näheres über die Art und Weise, wie Ovids früheste Gedichte, die ›Amores‹, der Öffentlichkeit zugänglich wurden:

> carmina cum primum populo iuuenalia legi,
> barba resecta mihi bisue semelue fuit.
> mouerat ingenium totam cantata per urbem
> nomine non uero dicta Corinna mihi.

> Als ich zum ersten Male dem Volk meine Jugendgedichte vorlas, war mir der Bart zwei- oder einmal gestutzt [»war ich etwa 18 Jahre alt« – das führt also ins Jahr 25 v. Chr.]: Geweckt hatte mein Talent sie, die damals durch die ganze Stadt besungen wurde, die von mir – nicht mit ihrem richtigen Namen – Corinna Genannte.

Ovid bezeugt selbst, daß der Name Corinna ein Pseudonym ist. Der noch sehr junge Dichter trägt also einige Elegien auf Corinna einem Publikum vor, und sogleich verbreitet sich deren Ruhm in der Stadt. Erst später hat Ovid die Corinna-Gedichte dann in einem Buch vereinigt; so ist zu erklären, daß in diesem Buch bereits Gedichte stehen, die auf die große Resonanz, den großen Erfolg von Corinna-Elegien Bezug nehmen.

Ovid beläßt es freilich nicht bei einem Hinweis auf das Ansehen, das er diesen Elegien bereits in frühen Jahren verdankte, sondern hebt gleich anschließend hervor, wie er schon bei diesen ersten Dichtungen die strengsten Forderungen an sich gestellt hat. Was seinen hohen Maßstäben nicht genügte, hat er wieder getilgt (61 f.):

multa quidem scripsi, sed quae uitiosa putaui,
emendaturis ignibus ipse dedi.

Zwar habe ich viel geschrieben, aber was mir fehlerhaft erschien, habe ich eigenhändig den Flammen übergeben, damit die es von Fehlern befreien.

Diese Haltung hat er sich, wie er sogleich hinzufügt, sein Leben lang bewahrt – so war er, als er zum Schwarzen Meer aufbrechen mußte, gewillt, auch die noch nicht vollendeten ›Metamorphosen‹ zu verbrennen. Über der großen Eleganz der Ovidischen Verse übersieht man nur zu leicht diese andere Seite, die intensive Arbeit, die nötig ist, bis der hohe Kunstverstand wirklich jede Einzelheit in die rechte Form gebracht hat – so daß der Eindruck von »Leichtigkeit« entstehen kann.

Bei all der erotischen Dichtung aber, so fährt Ovid dann fort, blieb sein Leben doch sittsam, sein Ruf untadelig, es entstand kein Gerede über ihn; damit wird hier (in 67f.) dieser im zweiten Tristienbuch so stark gewichtete Gedanke immerhin angedeutet. Zugleich gewinnt Ovid mit der Bemerkung über seinen untadeligen Ruf wieder den Übergang zur Lebensbeschreibung.

So führt er nun vor: seine (drei) Ehen, seine Tochter und deren Leben, schließlich seine Eltern, die beide ein sehr hohes Alter erreichten. Der Schmerz über ihren Tod war groß, und doch – wie glücklich sind sie zu preisen, weil sie nicht noch das Unglück ihres Sohnes Publius miterleben mußten (81f.)! Damit gelangt Ovid zum letzten Abschnitt seines Lebens, zu seiner Relegation[15]. In den Versen 89f. führt er die Gründe für diese Bestrafung an, in einer Anrede an die Eltern:

scite, precor, causam (nec uos mihi fallere fas est)
errorem iussae, non scelus esse fugae.

[15] Juristischer Aspekt und historischer Hintergrund von Ovids Relegation werden in der Forschung seit langem erörtert; für die zentralen Probleme sei auf die wichtige Abhandlung von Ehlers verwiesen.

> Wißt, ich bitte euch – denn euch zu täuschen, wäre mir nicht erlaubt –, daß der Grund für die auferlegte Verbannung ein Fehler war, kein Verbrechen.

Der Ton ist sehr feierlich; zwar sind die Eltern angeredet – als die, die man nicht belügen darf –, aber das Ganze zielt über sie hinaus, soll zugleich wieder der Nachwelt gelten – ihr erklärt er seine Verbannung. Wenigstens kurz ist darauf einzugehen: Ovids Auskunft zufolge war eine Verfehlung, kein Verbrechen für sein Schicksal verantwortlich. Doch was ist damit gemeint? Trotz jahrhundertelangen Bemühungen läßt sich auf diese Frage keine klare Antwort geben.

In unserer Passage nennt Ovid den »Irrtum« als einzigen Grund. Der Gedanke kehrt auch in anderen Gedichten wieder; dabei kann an die Stelle des Wortes *error* auch ein Begriff wie *stultitia* oder *simplicitas* (Aufrichtigkeit) treten. Nun ist ja in demselben Jahr 8 n. Chr., in dem Ovid ans Schwarze Meer verbannt wurde, auch die Enkelin des Augustus, Julia, in die Verbannung geschickt worden, und zwar wegen ihres zügellosen Lebens, insbesondere wegen ihrer Affäre mit D. Silanus, die in den antiken Zeugnissen als *adulterium* bezeichnet wird. Da Julia damals bereits verwitwet war, handelt es sich in diesem Falle nicht um Ehebruch im juristischen Sinne, sondern um »enthemmtes, sittenloses Treiben«. Ovids und Julias Bestrafung in Zusammenhang zu bringen, liegt immerhin nahe, aber diesen Zusammenhang näher zu bestimmen, ist wohl nicht möglich. Doch wenn Ovid immer nur in solch vagen Andeutungen spricht, weder die Anklage noch seinen eigenen Fehler genauer bezeichnet, so darf man dies doch wohl als Zeichen dafür verstehen, daß ein Aussprechen den Kaiser verletzt oder empört hätte. Auch andere Passagen weisen in diese Richtung. An weiteren Stellen nennt Ovid neben dem *error* auch seine Dichtung; damit meint er sicherlich die ›Ars amatoria‹, gegen die offenbar der Vorwurf erhoben wurde, *adulterium* zu lehren. Am entschiedensten treten beide Elemente, *error* und Dichtung, nebeneinander in trist. 2,207–212; es ist dies zugleich die Stelle, an der Ovid am deutlichsten den Gedanken ausdrückt, daß ein genaueres Eingehen auf den Sachverhalt Kaiser Augustus kränken müßte; die Gründe näher zu erörtern, erklärt Ovid da, hieße, Augustus'

Wunden wieder aufreißen. Und auch in anderen dieser späten Gedichte gibt Ovid zu erkennen, daß die ›Ars amatoria‹ zu seinem Unglück beigetragen hat. Wie die beiden Anklagen (*carmen/error*) zueinander stehen, läßt sich nicht bestimmen.

Für das autobiographische Gedicht trist. 4,10 ist es nun bezeichnend, daß Ovid nur den *error*, nicht aber seine Dichtung als Grund der Relegation anführt. Warum schweigt er hier von der ›Ars amatoria‹? Die Erklärung dafür liegt auf der Hand: In dieser Elegie kommt es Ovid ausschließlich darauf an zu zeigen, welch große Bedeutung die Musen für ihn haben. So hatte er ja in V. 19 darauf hingewiesen, daß ihm bereits in seiner Jugend die »Heiligtümer der Musen« zusagten. Ganz entsprechend erklärt er nun (V. 115–118), er verdanke es allein ihrer Kunst, daß er die Existenz in der Fremde, fern von aller Geselligkeit Roms, aushalte, jetzt, da er in völliger Verlassenheit leben müsse:

> ergo quod uiuo durisque laboribus obsto
> nec me sollicitae taedia lucis habent,
> gratia, Musa, tibi: nam tu solacia praebes,
> tu curae requies, tu medicina uenis.

> Also, daß ich noch lebe und den harten Strapazen widerstehe und mich noch kein Überdruß an dem sorgenvollen Tageslicht erfaßt hat, dafür gebührt dir, Muse, Dank: denn du gewährst Trost, du erscheinst als Beruhigung der Sorge, du als Linderungsmittel.

Unversehens entwickelt sich aus dieser Danksagung an die Muse dann ein hymnischer Preis, durchaus in streng sakraler Form: »tu dux et comes es« (du bist Führerin und Geleiterin); das letzte Glied dieser sogenannten Du-Prädikation[16] lautet dann (121 f.):

> tu mihi, quod rarum est, uiuo sublime dedisti
> nomen, ab exequiis quod dare fama solet.

[16] Norden 153–163.

> Du hast mir, was selten ist, bereits zu Lebzeiten hehren Ruhm geschenkt, den die Stimme des Volks erst nach der Bestattung zu schenken pflegt.

Mit dieser Aussage nun ist die Situation der Verbannung, die zuletzt das Beherrschende war, plötzlich verlassen; Ovid wechselt zu einem anderen Thema, zu seinem dichterischen Ruhm, der ihm im Leben zuteil wird: »in toto plurimus orbe legor« (Überall auf der Welt liest man mich sehr viel, 128). Und dann wagt Ovid ganz feierlich folgende Prophezeiung (129f.):

> si quid habent igitur uatum praesagia ueri,
> protinus ut moriar, non ero, terra, tuus:

> Wenn die Voraussagen der Seher etwas Wahres haben, werde ich, mag ich auch sogleich sterben, doch nicht dir, Erde, verfallen sein.

Nun war es gewiß ein kühner, geradezu mutwilliger Übergang, der zu dieser Aussage geführt hatte, aber man darf nicht vergessen, daß der Gedanke an den Nachruhm bereits zu Beginn des Gedichts hervorgetreten und dann bestimmend geblieben war, von der ersten Anrede an die Nachwelt *(posteritas)* an. Wenn Ovid dann im Schlußteil der Elegie, im hymnischen Anruf an die Muse, auf seine Erwartung künftigen Ruhms zu sprechen kommt, so fällt dies nicht aus dem größeren Zusammenhang heraus, sondern bedeutet nur Wiederaufnahme des Leitthemas.

Sicher gehört die Elegie trist. 4,10 nicht zu den poetisch stärksten, zu den sprühendsten Schöpfungen Ovids; aber man erkennt doch sogleich, daß es hier um weit mehr als um bloßen biographischen Bericht geht. Die Hinwendung an die Nachwelt gibt dem Ganzen sein spezifisches Gepräge, entscheidet über die Auswahl und die Anordnung der Motive.

Von seinem Bildungsgang hatte Ovid nur in einem Distichon gesprochen (15f.):

> protinus excolimur teneri curaque parentis
> imus ad insignes urbis ab arte uiros.

Es trifft sich nun, daß man diese knappe Schilderung Ovids von anderen Zeugnissen her ergänzen und von dem Unterricht, den Ovid erhalten hat, eine recht genaue Vorstellung gewinnen kann, wenigstens von der entscheidenden (dritten) Stufe dieses Unterrichts[17]. Zunächst wird der Schüler ja vom *magister ludi* betreut, der das Lesen und Schreiben lehrt, danach vom *grammaticus*, bei dem man auf der Grundlage poetischer Werke Wort- und Sacherklärung treibt und sich auf diesem Wege einzelne Wissensgebiete zu erschließen sucht. Als letztes folgt – eine längst nicht mehr von allen besuchte Stufe – der Unterricht beim Rhetor; erst von dieser Ausbildung her eröffnet sich überhaupt die Möglichkeit zur Tätigkeit in der Politik. Über den Unterricht beim Rhetor erfährt man nun vieles bei dem älteren Seneca (Seneca rhetor). In hohem Alter hat er, wohl unter Kaiser Caligula, dank einem phänomenalen Gedächtnis einzelne Äußerungen, ja ganze Vorträge der bedeutendsten Rhetoren seiner Zeit und ihrer Schüler niedergeschrieben; so kommt er auch auf Ovid zu sprechen. Schon weil dessen dichterischer Stil allenthalben den Einfluß der Rhetorik verrät, ist es angebracht, einen Augenblick bei diesem Unterricht zu verweilen.

Im wesentlichen gab es in der Rhetorenschule zwei Arten von Übungen: 1. die *controuersia*, d.h. die Streitrede über einen Rechtsfall: Der Lehrer konstruiert nach einem häufig wenigstens zum Teil fiktiven Recht einen bestimmten Fall, und die Schüler haben nun das Für und Wider zu erörtern; 2. die *suasoria:* Diese Übung knüpft an eine bestimmte, dem Publikum bekannte Situation des Mythos oder der Geschichte an, etwa: Cicero steht vor seinem Todfeind Antonius und erwägt, ob er ihn um Gnade bitten soll und um welchen Preis. Aufgabe des Schülers ist es dann, dem in jener Situation Stehenden Rat zu erteilen *(suadere).*

Ovid nun war Schüler des Marcus Porcius Latro und des Arellius Fuscus, die zu den angesehensten Rhetoren ihrer Zeit gehörten. Bei Seneca d. Ä. begegnet uns Ovid im Zusammenhang mit contr. 2,2. Der dort mitgeteilten Redeübung wird folgende Situation *(argumentum)* zugrundege-

[17] Die folgenden Bemerkungen zum Rhetorikunterricht und zum älteren Seneca sind durch Fränkel 5–10 angeregt.

legt: Ein Mann und seine Ehefrau haben geschworen, daß im Falle des Todes des einen auch der andere sterben will. Der Mann unternimmt dann eine Reise und schickt seiner Frau einen Boten mit der Nachricht, er sei verstorben. Daraufhin stürzt sich die Frau in die Tiefe (Näheres ist nicht mitgeteilt), wird aber wiederhergestellt, und nun verlangt ihr Vater aufgrund seiner »väterlichen Gewalt« von ihr, daß sie ihren Mann verläßt. Die Frau lehnt das ab; daraufhin wird sie von ihrem Vater verstoßen, enterbt. Dies also ist der Rahmen, der vorgegeben wird; die Schüler haben vor allem zu klären, ob der Vater recht gehandelt hat.

Seneca nun rekapituliert die Lösungen verschiedener Rhetoren; in unserem Zusammenhang kommt es dabei auf die sogenannten *colores* an; es sind dies neue Gesichtspunkte, neue Aspekte, die der Rhetor in die Geschichte einführt, ohne jedoch deren Grundriß preiszugeben, also überraschende, im *argumentum* nicht vorgegebene, ihm aber auch nicht widersprechende Züge. Jeder neue Einfall, jeder *color* wurde von den Zuhörern, den Kennern, frenetisch gefeiert. In unserem Fall kam ein Rhetor etwa auf folgenden Einfall: Jener Eid der Eheleute sei nur ein Scherz gewesen, der Mann habe ihn begreiflicherweise rasch vergessen – Liebende schwören nun einmal viele Eide; mit der fingierten Todesnachricht habe er seine Frau nur auf die Probe stellen wollen, um zu sehen, ob sie dem Toten ihre Liebe bewahren werde. Und die Frau habe dies auch durchschaut und sich von einer Stelle herabgestürzt, wo ihr nichts Arges geschehen konnte. So ist hier der ganze Vorgang ins Harmlose gewendet; der Rhetor hat sich den Umstand zunutze gemacht, daß in dem *argumentum* das Motiv des Mannes nicht genannt war. Wahrscheinlich war das Ganze auch von dem Rhetoriklehrer daraufhin angelegt, der Schüler sollte eben hier ansetzen. Jener Rhetor hat also die Schulaufgabe zwar nicht brillant, aber doch in unangreifbarer Weise gelöst.

Und nun Ovid – auch er hatte bei seinen Lehrern dies Thema zu behandeln. Aber den naheliegenden Weg läßt er beiseite; bei ihm wird aus dem Fall etwas ganz Neues, nichts liegt Ovid ferner als eine derartige Trivialisierung, wie sie jener Rhetor vorgenommen hatte. Es sind vor allem zwei *colores*, die Ovid in die Geschichte einführt, zum einen, die Eheleute hätten seinerzeit beim Namen des Vaters der Frau geschworen (bei wem geschworen wurde, darüber hatte im *argumentum* nichts gestanden), und zum andern, der Vater hege zu seiner Tochter eine starke Liebe. Es sei Eifersucht, was den Vater jetzt erfülle, wenn er von seiner Tochter verlange, den Mann preiszugeben: »queritur quemquam esse filiae praeter se carum« (er klagt, daß jemand seiner Tochter lieb sei außer ihm selber). Dabei sei er doch bei jenem Eid die Hauptperson, man habe ja bei ihm geschworen. Und die Frage, ob die Beteiligten richtig handeln, geht Ovid von etwas Grundsätzlichem her an: vom Wesen, von der Problematik der Liebe überhaupt. Er zieht dabei die Liebe des Vaters zu seiner Tochter ebenso in Betracht wie die Liebe der Frau zu ihrem Mann und zu ihrem Vater – all das greift über den konstruierten Fall beträchtlich hinaus. Da heißt es etwa, der Vater finde die Zuneigung, die seine Tochter für ihren Manne hege, übertrieben, aber, so gibt Ovid zu bedenken, es sei leichter, bei der Liebe ein Ende zu finden als ein Maß. Und dann läßt er die Frau voller Pathos bekennen, daß sie und ihr Mann gefehlt hätten: »Als wir jenen Schwur taten, vergaßen wir, daß ein Dritter da ist, der noch mehr liebt, der Vater; geben die Götter, daß es immer so bleibe.«

Aber auch dies ist noch nicht der letzte Einfall; Ovid fügt noch einen weiteren Zug hinzu: Der Mann erklärt, wenn sein Schwiegervater auf seinem Verlangen, also auf der Scheidung, beharre, dann wolle er verzichten und in die Verbannung gehen; ja, er sei sogar bereit, sich umzubringen – hätte das nicht zur Folge, daß seine Frau, eben wegen jenes Eides, sich dann auch umbringen müßte.

So hat Ovid das Vorgegebene durch eine Reihe pathetischer Züge, aber auch durch funkelnden Witz bereichert und zugleich das Ganze in einen weiteren Zusammenhang, den der Liebe, gestellt. Wenn er dieser trockenen Schulübung derart viel abzugewinnen vermochte, so gibt das schon einen Begriff davon, zu welchen Möglichkeiten ihn andere, größere Themen, die Sagen etwa, anregen mußten.

Dies also ein Beispiel für Ovids Umgang mit der *controuersia.* Nun weiß man dank dem älteren Seneca, daß Ovid solche Streitreden nur selten vortrug, sehr viel lieber hingegen *suasoriae.* Mit ihrem mythischen oder historischen Gegenstand boten sie ja auch ganz andere Ansätze als jene juristischen Fragen.

Seneca berichtet indes nicht nur über Ovids Vorliebe für die *suasoriae*. Zu der Zeit, als er sein Werk schrieb und all die Zitate aus Rhetorenvorträgen zusammenstellte, war Ovids Ruhm schon so groß, daß sich Seneca veranlaßt sah, Ovids poetische Sprache ein wenig näher zu charakterisieren. In diesem Zusammenhang fällt er das Urteil, in seinen Dichtungen habe Ovid seine Fehler nicht verleugnet, sondern geradezu geliebt: »... non ignorauit uitia sua, sed amauit« (contr. 2,2,12). Was ist mit diesen »uitia« gemeint und damit, daß Ovid sie zwar als solche erkannt, aber gleichwohl mit Freuden beibehalten habe? Seneca beruft sich hier auf eine Begebenheit, die sich nicht während Ovids Schulzeit, sondern einige Jahrzehnte später zugetragen haben soll[18]. Freunde hätten Ovid einmal gebeten, er möge ihnen erlauben, aus seinem (ganzen, bis dahin vorliegenden) Werk drei Verse zu beseitigen, die ihnen mißglückt zu sein schienen. Ovid habe sich dazu bereit erklärt, aber seinerseits die Bitte vorgebracht, drei Verse nennen zu dürfen, die er keinesfalls hergeben werde. Darauf sei man eingegangen. Dann hätten die Freunde und er selber ihre drei Verse aufgeschrieben, und als sie ihre Schreibtafeln verglichen, ergab sich: Das, was die Freunde tilgen wollten, eben daran wollte Ovid um jeden Preis festhalten. Zwei dieser Verse teilt Seneca mit (warum nicht auch den dritten, bleibt unklar); es handelt sich um Pentameter: am. 2,11,10: »et gelidum Borean egelidumque Notum« (und den kalten Nordwind und den lauen Südwind) und ars amat. 2,24, eine Umschreibung des Minotaurus, eines Ungeheuers, das halb Mensch, halb Stier ist: »semibouemque uirum semiuirumque bouem«. Hier ist also nur ganz Weniges ausgewechselt, so daß die Doppelnatur des Ungeheuers eindrucksvoll herausgehoben wird.

Falls die Geschichte nicht wahr ist, so ist sie auf jeden Fall gut erfunden, sagt etwas Charakteristisches über Ovid aus, über seinen besonderen Hang zu rhetorischen Figuren, zum Wortspiel. So führt diese Episode an eine Eigenart des Ovidischen Stils heran, die starke Rhetorisierung. Dies Charakteristikum sollte seiner Reputation in der Moderne für lange Zeit abträglich werden. Solange man nämlich kein Verständnis für das »Rhetorische« überhaupt hatte, es als Mangel an

[18] Zu dieser Episode s. außer Fränkel 7f. noch Mack 146–148.

»Natürlichkeit« verurteilte, ließ sich kein rechter Zugang zu Ovids Kunst finden. Doch inzwischen ist die einstige Geringschätzung der Rhetorik aufgegeben, und dieser Wandel kommt auch der Würdigung Ovids zugute.

II. Amores

1. Allgemeines

Wie sich aus Ovids Autobiographie trist. 4,10 ergibt, hat er Jugendgedichte *(iuuenalia carmina)* zum ersten Mal öffentlich, vor größerem Publikum vorgetragen, als ihm der Bart gerade »zwei- oder einmal« gestutzt worden war, d.h. mit rund 18 Jahren. Es wird sich dabei – dies die sinnvollste Hypothese – um die ersten Gedichte seiner Sammlung ›Amores‹[1] gehandelt haben, der Beginn der Arbeit daran fällt also etwa ins Jahr 25 v. Chr. Einzelne Stükke hat Ovid nun sicherlich nicht bloß rezitiert, sondern auch verbreitet, »publiziert«; abgesehen davon wurden die Amores dann nach und nach in Buchform an die Öffentlichkeit gegeben, insgesamt kamen so zunächst fünf Bücher zustande.

Doch wann die einzelnen Gedichte geschaffen wurden und wann die fünf Bücher als Ganzes vorlagen, darüber läßt sich nur sehr wenig ausmachen[2].

Wirklich sicher datieren kann man nur eine einzige dieser Elegien, nämlich am. 3,9, eine Totenklage (Epikedeion) auf den gerade verstorbenen Tibull. Unter Anspielung auf eine in der Antike verbreitete Etymologie des Worts »Elegie« wird diese Dichtungsform hier als *flebilis,* als jammernd, klagend bezeichnet (V. 3). Das Gedicht muß bald nach dem Tod des Betrauerten, etwa 17 v. Chr., entstanden sein. Bei den anderen Elegien bleibt hingegen zumeist ein beträchtlicher Spielraum.

Das Problem der Datierung wird noch dadurch kompliziert, daß die auf uns gekommene Sammlung der Amores die veränderte Fassung einer früheren Ausgabe, eine Neuauflage

[1] Zu den ›Amores‹ insgesamt s. folgende größere Untersuchungen: Sabot (1976), 349–547; Coletti; McKeown (1987) 11–28; Davis (1989); Holzberg (1990/I) 87–119 (u.a. zum Charakter der einzelnen Bücher); Gauly. Zum sozialgeschichtlichen Hintergrund s. Veyne 78–96.

[2] Probleme der Chronologie erörtern insbesondere Sabot (1976) 54–83 und McKeown (1987) 74–89.

ist. Das geht einwandfrei hervor aus dem Epigramm, das Ovid der neuen Sammlung vorangestellt hat[3]:

Qui modo Nasonis fueramus quinque libelli,
  tres sumus; hoc illi praetulit auctor opus.
ut iam nulla tibi nos sit legisse uoluptas,
  at leuior demptis poena duobus erit.

Die wir eben noch fünf Bücher Ovids waren, sind jetzt drei; dieses neue Werk hat sein Schöpfer jenem (früheren) vorgezogen. Gesetzt auch, daß es für dich kein Vergnügen ist, uns Gedichtbücher zu lesen, so ist die Lektüre jetzt nach der Wegnahme von zwei Büchern doch wenigstens eine geringere Pein.

Hinter der Ovidischen Formulierung in V. 4 steht die Maxime des hellenistischen Dichters Kallimachos, ein großes Buch sei ein großes Übel[4]. Ovid meint, auch ein kleines Werk sei ein Übel, aber eben doch ein geringeres (»leuior poena«) – eine selbstironische, spielerische Umwandlung des Kallimacheischen.

Statt der ursprünglichen fünf sind es also jetzt nur noch drei Bücher. Die Worte »demptis duobus« (V. 4) kann man zunächst einmal so verstehen, daß die Anzahl der Elegien verringert wurde, Ovid also ausgeschieden hat, was seinen gewachsenen Ansprüchen nicht mehr genügte. Doch unter welchem Gesichtspunkt wurde die Verkürzung vorgenommen? Darf man annehmen, Ovid habe das Verfänglichste, Freisinnigste ausgesondert? Einer solchen Auffassung steht entgegen, daß sich in der neuen Sammlung durchaus derbe Stücke finden, etwa am. 3,7: Der Sprechende klagt da, daß er bei einem heftig begehrten Mädchen versagt habe, während er doch neulich erst ein anderes Mädchen in einer Nacht gleich neunmal zu deren Zufriedenheit bedient habe. Wenn eine derartige Klage über Impotenz und solche selbstgefällige Prahlerei stehengeblieben sind, kann die Streichung ja

[3] S. dazu McKeown (1989) 1–4.

[4] Kallimachos frg. 465 Pfeiffer (Callimachus, ed. R. Pfeiffer, Oxford 1965, vol. I, 353).

nicht dem allzu Freimütigen gegolten haben. Vielmehr werden, wie sich von trist. 4,10 her ergibt, ästhetische Gründe für die Verkürzung bestimmend gewesen sein.

Freilich hat Ovid nicht nur manches aus der ersten Fassung weggelassen, er hat auch Neues hinzugefügt (aus jenem Epigramm geht das allerdings nicht hervor; danach scheint es sich ja nur um eine Verringerung zu handeln). Wenigstens von einem Gedicht weiß man sicher, daß es erst nachträglich zu dem ursprünglichen Bestand hinzugekommen ist: am. 2,18. Ovid gibt dort nämlich zu verstehen, daß er sich in ganz verschiedenen literarischen Gattungen bewegt habe, und nennt unter anderem die Tragödie und die ›Heroides‹, spielt aber (mit V. 19f.) auch auf die ›Ars amatoria‹ an, und zwar auf deren erste beiden Bücher[5]. Auf diese Weise gewinnt man für die Datierung der Neuauflage das Jahr 1 v. Chr. als Terminus post quem – die zweite Sammlung der ›Amores‹ wird also in der Zeit von Christi Geburt veröffentlicht worden sein. Für die Erstauflage vermutet man heute in der Regel ein Erscheinen gegen 15 v. Chr. Falls dies zutrifft, hat Ovid immerhin zehn Jahre lang an den fünf Büchern seiner Liebeselegien gearbeitet – es handelt sich also keinesfalls um ein flüchtig hingeworfenes Jugendwerk.

In einer ganzen Reihe von Elegien spielt eine Geliebte mit Namen Corinna eine Rolle; wie Ovid selber in trist. 4,10 bezeugt, ist dies nicht ihr richtiger Name *(nomen non uerum)*. Doch was es konkret mit der Gestalt auf sich hat, die mit diesem Pseudonym bezeichnet wird, dies bleibt für uns, anders als im Falle der Liebeselegiker Properz und Tibull, im dunkeln[6]. Ovid ordnet Corinna zwei Dienerinnen *(ancillae)* zu, die für ihre Toilette zuständig sind, läßt die Geliebte also in solider gesellschaftlicher Position erscheinen. Was Corinnas Charakter betrifft, so wird sie von Ovid als die typische *domina* der römischen Liebeselegie gezeichnet, als Herrin, die den Geliebten wie einen Sklaven behandelt[7]. Zu ihr vorzudringen, ist schwierig; so sucht sich der Dichter, wie er vorgibt, an den Dienerinnen schadlos zu halten. Unverblümt

[5] Die Interpretation der einschlägigen Verse in am. 2,18 ist umstritten; verwiesen sei auf Stroh (1971) 141–143; Neumeister 94; 97–100; Primmer 250–259.

[6] Zu Corinna s. insbesondere McKeown (1987) 19–24.

[7] Das für die lateinische Elegie wichtige Motiv des »seruitium amoris« behandeln vor allem Lyne (1979) und Murgatroyd.

rühmt er sich in einigen Gedichten, mit ihnen ein Verhältnis eingegangen zu sein – er nimmt damit für sich größere Libertinage in Anspruch als etwa Properz.

Weitere wichtige Charakteristika Ovids werden rasch sichtbar, wenn man am. 2,18 mit der motivverwandten Elegie 1,7 des Properz vergleicht, wie dies Christoff Neumeister in einer musterhaften Interpretation getan hat[8]; wenigstens die Eingangspartien beider Gedichte seien hier in engem Anschluß an Neumeister betrachtet. Dabei soll – genau wie bei späteren Interpretationen – der jeweilige Sprecher, die »Persona«, der Einfachheit halber mit dem Namen des Autors bezeichnet werden[9].

Properzens Elegie wendet sich an den Dichter Ponticus, einen Epiker; er unternehme es gerade, an die von Homer gestiftete Tradition des Großepos anknüpfend, den Kampf der Ödipussöhne um Theben und deren Streit zu schildern. Dem Tun des Ponticus, das in einem weitgespannten Temporalsatz (V. 1–4) charakterisiert wird, stellt nun Properz sein eigenes Treiben gegenüber (Prop. 1,7,1–10):

Dum tibi Cadmeae dicuntur, Pontice, Thebae
  armaque fraternae tristia militiae
atque, ita sim felix, primo contendis Homero
  (sint modo fata tuis mollia carminibus),
nos, ut consuemus, nostros agitamus amores
  atque aliquid duram quaerimus in dominam:
nec tantum ingenio quantum seruire dolori
  cogor et aetatis tempora dura queri.
hic mihi conteritur uitae modus, haec mea fama est.
  hinc cupio nomen carminis ire mei.

Während von dir, Ponticus, das durch Kadmos gegründete Theben besungen wird und die Trauer weckenden Waffen des Bruderkampfs und du – so wahr ich glücklich sein will – mit dem Ersten, mit Homer, wetteiferst (wenn nur das Schicksal deiner Dichtung gewogen ist),

[8] Neumeister 94–100.

[9] S. auch Kap. I, Anm. 2. Im folgenden wird Prop. 1,7 nach der Ausgabe Fedelis, Ovid am. 2,18 – wie auch alle anderen hier behandelten Gedichte der Sammlung – nach der Ausgabe McKeowns (1987) zitiert.

treibe ich, wie ich es gewohnt bin, meine Liebesdinge und suche ein Mittel zur Besänftigung der harten Herrin; auch bin ich genötigt, weniger meiner Begabung als meinem Schmerz zu dienen und die harte Zeit meines Lebensalters zu beklagen. Dies ist die Art und Weise des Lebens, mit der ich meine Zeit hinbringe; daher rührt mein Bekanntsein; von hier soll, so begehre ich es, der Ruhm meiner Dichtung ausgehen...

Auch Ovid wendet sich an einen Epiker: Macer ist gerade dabei, die Vorgeschichte der Homerischen ›Ilias‹ zu schildern. Genau wie es Properz getan hatte, stellt Ovid dem Tun des Freundes das Eigene gegenüber (am. 2,18,1–12):

Carmen ad iratum dum tu perducis Achillem
  primaque iuratis induis arma uiris,
nos, Macer, ignaua Veneris cessamus in umbra,
  et tener ausuros grandia frangit Amor.
saepe meae »tandem« dixi »discede« puellae:
  in gremio sedit protinus illa meo.
saepe »pudet« dixi: lacrimis uix illa retentis
  »me miseram! iam te« dixit »amare pudet?«
implicuitque suos circum mea colla lacertos
  et, quae me perdunt, oscula mille dedit.
uincor, et ingenium sumptis reuocatur ab armis,
  resque domi gestas et mea bella cano.

Während du dein Gedicht hinführst zum Zorn des Achilles und den Helden, die den Schwur [im Zusammenhang mit der Werbung um Helena] geleistet haben, die ersten Waffen anlegst, gebe ich mich, mein Macer, der Muße hin im träge machenden Schatten der Venus, und der zarte Amor lähmt mich, der ich Großes wagen will. Oft habe ich zu meinem Mädchen gesagt: »Nun geh doch endlich fort« – sogleich setzte sie sich auf meinen Schoß. Oft sagte ich: »Ich schäme mich [meiner Untätigkeit]«, da hielt sie kaum die Tränen zurück und sagte: »Ich Unglückliche, so schämt es dich bereits zu lieben?« Und sie wand ihre Arme um meinen Hals und gab mir tausend Küsse, die mich ins Verderben stürzen. Ich gebe mich besiegt, und mein Talent wird von den bereits ergriffenen Waffen fortgerufen, und ich besinge die Taten, die in meinem Hause geschehen, und meinen Krieg.

Die Konstellation ist also dieselbe wie bei Properz: Der Sprechende bekennt, im Unterschied zum episch dichtenden Freund keiner ehrgeizigen Beschäftigung nachzugehen. Warum er das nicht tut, wird bei Ovid allerdings anders als bei Properz begründet, ja geradezu in pointierter Antithese zu ihm.

Properz erklärt, er sei ganz und gar mit seiner Liebe beschäftigt: »... nostros agitamus amores« (5). Diese Liebe stellt sich als typische Liebesknechtschaft dar, als *seruitium amoris:* Die Geliebte ist ihm eine Herrin *(domina),* hart bis zur Ungerechtigkeit *(dura, iniusta)* und verhält sich ihm gegenüber oft gleichgültig; so ist denn sein Leben bedrückt und voller Unglück; es reibt sich fruchtlos an der Härte der Geliebten auf. Sein »agitare amores« besteht darin, unablässig Mittel zu suchen, wie er die Härte der Domina mildern könnte, oder doch wenigstens darin, dem eigenen Leid durch Klagen Luft zu verschaffen.

So stellt sich Properz als einen leidenschaftlich und unglücklich Liebenden dar. Mit V. 7, mit dem Hinweis auf seine Begabung *(ingenium),* bringt er freilich noch etwas anderes ins Spiel: die Existenz des Dichters. Die Frage liegt nahe, wie sich denn die beiden hier thematisierten Rollen, die des Liebenden und die des Dichters, zueinander verhalten. Die Antwort lautet: Properz sieht sich in der gegenwärtigen Situation mehr von seiner leidvollen Verliebtheit geprägt als von seinem dichterischen Ingenium (»nec tantum ingenio quantum seruire dolori cogor«). Die Rolle des Dichters ordnet sich also derjenigen des Liebenden unter. Zwar dichtet er, aber seine Schöpfungen sind sehr anderer Art als die des Freundes Ponticus, bleiben sie doch ganz und gar auf seine Liebe bezogen: Entweder sind sie, als Klage, der Ausdruck seines Liebesschmerzes, oder sie sind Mittel seines Liebeswerbens, die die Härte der Herrin zu erweichen suchen.

Vergleicht man nun mit Properz den Anfang von am. 2,18, so fällt sogleich auf, daß bei Ovid die eigene Situation nicht als Tun *(agitare),* sondern mit Nachdruck gerade als ein Untätigsein charakterisiert ist: »nos, Macer, ignaua Veneris cessamus in umbra« (3). Der Grund liegt darin, daß Ovid von der Beschäftigung, der er sich eigentlich zuwenden möchte, abgehalten wird. Im Unterschied nämlich zu Properz, der es im Augenblick gar nicht vermöchte, statt der Liebeselegien ein episches Werk zu schreiben, hat es Ovid offenbar schon seit längerem vor, sich eben dieser höheren literarischen Gattung zuzuwenden. Und er fühlt sich, wie er später (13f.) versichern wird, einem solchen Vorhaben auch durchaus gewachsen, ja er hat, um mit dem neuen Werk beginnen zu können, schon mehrfach voller Ungeduld dazu angesetzt, die Geliebte fortzuschicken, aber dann wurde er durch ihre raffinierten Liebkosungen und durch ihre Vorwürfe immer wieder umgestimmt.

So ist es nach Ovids Darstellung nicht leidenschaftliches Verliebtsein, das ihn vom Schreiben eines Epos abhält (denn sonst hätte er ja nicht den ernsthaften Versuch machen können, sich von dem Mädchen zu trennen), sondern seine auch andernorts (etwa am. 2,4) geschilderte Eigenart, auf weibliche Reize überaus stark zu reagieren, seine besondere Verführbarkeit. Es verhält sich demnach nicht so, daß er, von der Liebe zu einer bestimmten Frau völlig eingenommen, nur für die Liebe, und nur für diese Liebe dichten könnte, sondern irgendeine Frau vermag ihn unter Ausnutzung seiner generellen erotischen Verführbarkeit an freiem dichterischen Tun zu hindern.

Mit dieser gegenüber Properz geänderten Grundsituation hängt dann ein Weiteres zusammen (was für den restlichen Teil von am. 2,18 wichtig wird): Während Properz angesichts des Schmerzes, den er in seinem Liebesverhältnis erleidet, zu keiner anderen dichterischen Form als der Elegie imstande ist, kann sich Ovid durchaus auch mit anderen literarischen Gattungen, etwa mit der Tragödie oder dem Epos, beschäftigen.

Der Vergleich der beiden Eingangspartien weist auf einen grundlegenden Unterschied zwischen Ovid und seinen elegischen Vorgängern hin: Ovid stellt sich zwar gerne als einen Verliebten dar, aber er zeigt sich von diesem Verliebtsein zumeist nicht in derselben existentiellen Weise berührt wie etwa Properz, er bewahrt sich im allgemeinen eine größere innere Freiheit.

Nunmehr seien einige Elegien näher betrachtet: die thematisch verwandten Einleitungsgedichte der drei Bücher; 2,7 und 8 als Beispiel für eng aufeinander bezogene Elegien; das in intertextueller Hinsicht besonders bedeutsame Gedicht 3,11 und schließlich 1,13 mit mythologischem Gegenstand.

In den Einleitungsgedichten legt Ovid Gründe dar, warum er gerade in dieser Weise, in der Form der Elegie dichte und nicht in anderen Genera wie Epos oder Tragödie; er äußert sich also programmatisch zur Wahl der Gattung. Dabei greift er, wie dies viele römische Dichter in solchem Zusammenhang getan haben, auf Motive des Kallimachos zurück[10]. Der griechische Dichter hatte im Prolog zu den ›Aitia‹, einem großen elegischen Lehrgedicht über den Ursprung von Bräuchen und anderem, folgende Szene geschildert: Apoll sei an ihn herangetreten und habe ihm eindringlich davon abgeraten, ein Großepos zu versuchen; seine Aufgabe sei es vielmehr, ein sorgfältig ausgearbeitetes Gedicht geringeren Umfangs zu schaffen. In seiner Nachahmung dieser Szene hatte etwa Properz (2,1) seine Entscheidung für die Elegie so begründet: »Hätte ich die Kraft zum Epos, dann würde ich nicht von den Kämpfen der Giganten singen, nicht vom höchsten Gott Jupiter – nein, dann wären mein Gegenstand Augustus und seine Taten. Nun aber verfüge ich nicht über diese Kraft – meine Elegie wird ganz und gar von der Geliebten geprägt und bestimmt.« Und dann folgte die Ankündigung weiterer Liebesdichtung. Ovid nun nimmt in seinen Einleitungsgedichten nicht allein auf Kallimachos Bezug, sondern zugleich auch auf Properz; der Leser soll dessen feierliches Pathos und dessen ein wenig pompöse Ankündigungen als Folie gegenwärtig haben.

In am. 1,1[11] erzählt Ovid eine Begebenheit: Eines Tages, so beginnt er, habe er im gewichtigen daktylischen Vers-

[10] Zur Rezeption des Kallimachos in Rom s. die grundlegende Monographie Wimmels.

[11] Wichtige Literatur zu diesem Gedicht: Wimmel 300–302; Stroh (1971) 144–148; Barsby (1973) 40–45; Dimundo; Buchheit; Lefèvre; McKeown (1989) 7–30.

maß, im Hexameter *(grauis numerus)*, zur Schilderung von Waffentaten angesetzt (1,1,1–3):

arma graui numero uiolentaque bella parabam
edere materia conueniente modis;
par erat inferior uersus ...

Waffen und hitzige Kriege in wuchtigem Versmaß zu verkünden, schickte ich mich an, wobei der Stoff zu den Rhythmen paßte: Gleich lang war jeweils der zweite Vers...

Das erste Wort, »arma«, ist auch das erste Wort von Vergils Epos ›Aeneis‹ – um eine derartige, durch die stichische Verwendung des Hexameters geprägte Form also ging es[12].

Würde sich Ovid getreulich an Kallimachos und an dessen römische Nachahmer halten, dann müßte er nunmehr schildern, wie Apoll erschien, um ihn auf die ihm angemessene Aufgabe hinzuweisen. Bei Ovid jedoch war es Cupido, der eingriff – und wie geschah das (1,1,3f.)?

risisse Cupido
dicitur atque unum surripuisse pedem

Da, heißt es, lachte Cupido und nahm heimlich einen Versfuß weg.

Zu erwarten wäre die Formulierung »Cupido risit«; wenn statt dessen die Wendung »risisse Cupido dicitur« gewählt ist, so soll der ganze Vorgang damit wohl etwas Ungreifbares, Entrücktes erhalten[13].

Dadurch, daß Cupido dem jeweils zweiten Vers einen Fuß raubte, machte er ihn zum Pentameter. Das geplante Epos ist damit in Frage gestellt. Entrüstet fragt der Dichter Cupido, wer ihm denn das Recht zu solchem Tun gebe (1,1,5f.):

[12] McKeown (1989) 11f.

[13] Die Deutung von »dicitur« bleibt schwierig; s. die umsichtige Erörterung bei McKeown (1989) 13f.

quis tibi, saeue puer, dedit hoc in carmina iuris?
Pieridum uates, non tua turba sumus.

Der Pentameter hat hier ganz feierlichen Klang, schon die Wortstellung hebt ihn heraus; die reguläre Abfolge wäre etwa: »nos uates sumus turba Pieridum, non tua« (Wir Dichter sind Schar der Musen, nicht deine). Hinzu kommt noch, daß die Wendung »Pieridum uates« hoch greift; das Wort »uates« hatte durch Vergil und Horaz eine erhabene Bedeutung angenommen und bezeichnet den prophetischen Dichter, den Künder großer Weltzusammenhänge[14].

Angesichts solcher Stilhöhe ist es nur folgerichtig, wenn sich Ovid nun auf die im Kosmos bestehende Ordnung beruft: Was solle, so fragt er, aus diesem ganzen Gefüge werden, wenn die Götter nicht mehr gegenseitig ihre Machtsphären respektieren, sondern in fremde eingreifen? Wenn etwa Ceres nicht mehr allein auf den Feldern, sondern auch im Wald herrschen, Diana hingegen sich um den Ackerbau kümmern wollte? Oder soll Apollo mit der Lanze, der Kriegsgott Mars hingegen mit der Leier umzugehen lernen? Erst hier also, wo von einer Vertauschung der regulären Bereiche die Rede ist, erscheint Apollo. So ist die ganze olympische Welt aufgeboten, um Cupido von seinem Vorhaben abzubringen. Schließlich wendet sich der Dichter unmittelbar an Amor (er ist ja mit Cupido identisch) und fragt ihn, ob er denn nicht schon mächtig genug sei, ob ihm denn alles gehöre (13f.). Und an diese Fragen fügt der Dichter dann noch die Bemerkung an, er habe auch gar keinen Anlaß, eine Liebeselegie zu schreiben, sei er doch weder in einen Knaben noch in ein Mädchen verliebt (19f.).

Mit dem Hinweis auf die fehlende Liebschaft freilich hat er sich dem Gott auch schon ausgeliefert. Denn wenn es nur daran liegt, daß es an einem Anlaß mangelt – dem läßt sich abhelfen. So greift Amor denn zu seinem Bogen und zielt auf den Dichter. Nunmehr, als Verliebter, habe er – in der Darstellung seines Verliebtseins – eine Aufgabe (24). Der Dichter erklärt sich sogleich besiegt: Er denke nicht mehr daran, den Rechtsstreit mit Cupido/Amor fortzusetzen, den er mit V. 5 auszutragen begonnen hatte. Jetzt unterwirft er sich –

[14] Zum Begriff »uates« s. zuletzt McKeown (1989) 16.

und bedient sich des Pentameters, um in der Elegie erotische Stoffe zu behandeln.

So kehrt das Gedicht an seinem Schluß zum Ausgangspunkt des Ganzen, zum poetischen Vorhaben, zurück, nur daß das Programm, das jetzt entworfen wird, in die andere Richtung zielt: An die Stelle des Epos über Waffentaten tritt die erotische Elegie.

In am. 1,1 wird also die Entscheidung für eine bestimmte literarische Gattung zurückgeführt auf die Frage des Versmaßes: Es gehe um die Alternative Hexameter oder Distichon. Alles Pathetische, wie es etwa für Properz kennzeichnend gewesen war, fehlt hier. Zugleich ist jedoch etwas von dem Graziösen zurückgewonnen, das dem Prolog des Kallimachos eigen war – ja, Ovid geht im Spielerischen[15] noch weiter als der hellenistische Dichter: Jener Einfall, Cupido als Dieb eines Versfußes auftreten zu lassen, hätte bei Kallimachos schwerlich Platz gehabt.

In am. 2,1[16] handelt es sich ebenfalls darum, die Entscheidung für die Liebesdichtung zu begründen; das ausschlaggebende Ereignis ist jetzt freilich ein anderes.

Hoc quoque composui, Paelignis natus aquosis,
  ille ego nequitiae Naso poeta meae.
hoc quoque iussit Amor; procul hinc, procul este, seueri!
  non estis teneris apta theatra modis.
me legat in sponsi facie non frigida uirgo
  et rudis ignoto tactus amore puer;
atque aliquis iuuenum, quo nunc ego, saucius arcu
  agnoscat flammae conscia signa suae
miratusque diu »quo« dicat »ab indice doctus
  composuit casus iste poeta meos?«
ausus eram, memini, caelestia dicere bella
  centimanumque Gygen (et satis oris erat),
cum male se Tellus ulta est ingestaque Olympo
  ardua deuexum Pelion Ossa tulit:
in manibus nimbos et cum Ioue fulmen habebam,

[15] Das Phänomen des Spielerischen ist für einen beträchtlichen Teil von Ovids Dichtungen konstitutiv; Näheres dazu s. unten.

[16] Literatur zu am. 2,1: Wimmel 303–305; Luck (1970); Stroh (1971) 149–153.

quod bene pro caelo mitteret ille suo.
clausit amica fores: ego cum Ioue fulmen omisi;
excidit ingenio Iuppiter ipse meo.
Iuppiter, ignoscas: nil me tua tela iuuabant;
clausa tuo maius ianua fulmen habet.
blanditias elegosque leues, mea tela, resumpsi:
mollierunt duras lenia uerba fores.
carmina sanguineae deducunt cornua lunae
et reuocant niueos solis euntis equos;
carmine dissiliunt abruptis faucibus angues
inque suos fontes uersa recurrit aqua;
carminibus cessere fores, insertaque posti,
quamuis robur erat, carmine uicta sera est.
quid mihi profuerit uelox cantatus Achilles?
quid pro me Atrides alter et alter agent,
quique tot errando quot bello perdidit annos,
raptus et Haemoniis flebilis Hector equis?
at facie tenerae laudata saepe puellae
ad uatem, pretium carminis, ipsa uenit.
magna datur merces: heroum clara ualete
nomina! non apta est gratia uestra mihi.
ad mea formosos uultus adhibete, puellae,
carmina, purpureus quae mihi dictat Amor!

Auch dies habe ich verfaßt, der bei den mit Wasser gesegneten Pälignern geborene Ovid, der Dichter meiner eigenen Nichtsnutzigkeit. Auch dies (zu schreiben) befahl mir Amor. Fort, fort mit euch, ihr Gestrengen! Ihr seid kein passendes Publikum für zarte Weisen! Lesen soll mich das Mädchen, das beim Anblick seines Verlobten nicht kühl bleibt, lesen auch der unerfahrene junge Mann, der von einer ungekannten Liebe berührt ist; und ein junger Mann, der von demselben Bogen verwundet worden ist wie jetzt ich, soll die Indizien erkennen, die von seiner Leidenschaft wissen, und nach langem Staunen soll er sagen: »Von welchem Verräter unterrichtet, hat dieser Dichter da mein Schicksal dargestellt?« Einst wagte ich, ich weiß es noch, vom Krieg der Götter im Himmel zu singen, vom hundertarmigen Gyges (und ich hatte Stimme genug dafür!), als die Göttin Erde sich vergeblich rächen wollte und der steile

Ossa, auf den Olymp getürmt, den schroffen Pelion trug. In den Händen hielt ich zusammen mit Jupiter Gewitterwolken und den Blitz, den er zur Verteidigung seines Himmels siegreich schleudern sollte. Da verschloß meine Freundin ihre Türe – ich ließ mit Jupiter auch den Blitzstrahl fahren, und Jupiter selbst entfiel meinem Sinn. Jupiter, vergib, deine Geschosse konnten mir nicht helfen; eine verschlossene Tür verfügt über einen größeren Blitz, als du hast.
Zu Schmeicheleien und sanften Elegien, meinen Waffen, griff ich wieder: es erweichten die sanften Worte die harte Tür. Zauberformeln ziehen die blutrote Sichel des Monds auf die Erde herab und rufen die weißen Sonnenpferde in ihrem Lauf zurück; dank einer Zauberformel zerplatzen Schlangen mit geborstenem Rachen und strömt das Wasser, seinen Lauf wendend, zu den Quellen zurück; vor meinen Gedichten wich die Türe zurück, und obwohl ein Eichenbalken in die Pfosten gelegt war, wurde durch meine Dichtung der Riegel besiegt. Was hätte mir ein Gedicht auf den schnellen Achilles genützt? Was werden die Atriden, der eine wie der andere [Agamemnon und Menelaos], für mich schon tun? Was der Held, der auf seiner Irrfahrt so viele Jahre wie im Kriege verlor [Odysseus], was der beklagenswerte Hektor, der von thessalischen Rossen geschleift wurde? Doch wenn der Dichter das Antlitz eines lieblichen Mädchens fleißig gerühmt hat, kommt sie selbst, als Preis des Gedichts, zu ihm. Da wird ihm großer Lohn zuteil – gehabt euch wohl, berühmte Namen von Helden; eure Gunst paßt nicht zu mir! Ihr Mädchen, wendet euer schönes Antlitz meinen Gedichten zu, die mir der purpurgewandete Amor diktiert.

Die Einleitung der Elegie ist betont unfeierlich, spielerisch gehalten – Ovid legt gleich zu Beginn ein Bekenntnis zu wenig Angesehenem ab: Er sei Dichter seiner *nequitia*, seiner Liederlichkeit, seines ganzen die Konventionen mißachtenden, der Gesellschaft keinen Nutzen bringenden Treibens[17].

[17] Zur Bedeutung von »nequitia« s. Tracy (1979) und Cahoon.

Für sein Dichten beruft er sich wie schon zuvor in am. 1,1 auf ein Gebot Amors (»hoc quoque iussit Amor«), nur daß der Befehl diesmal anderer Art ist als im ersten Buch.

Zunächst werden die strengen, philisterhaften Kritiker abgewiesen: »procul hinc, procul este, seueri!« Ovid bedient sich dabei einer alten Sakralformel, wie sie in feierlichem Kontext etwa bei Vergil (Aen. 6,258) erscheint: »procul, o procul este, profani«, ruft da die Sibylle. Mit dieser Formel geht Ovid hier spielerisch um.

Sodann, in V. 5–10, führt er an, welche Adressaten er mit seinem Dichten erreichen will: Lesen möge ihn das verliebte Mädchen, der verliebte junge Mann – sie sollen beide das Gefühl haben, daß Ovid nicht über seine privaten Erfahrungen, sondern über die ihren spricht[18]. Diese Wirkung also intendiert seine Elegiendichtung.

Aber, so fährt Ovid fort, es war nicht immer so, früher habe er durchaus anderes im Sinn gehabt als erotische Elegien. Einst nämlich, so will er sich erinnern, hatte er den Kampf zwischen Göttern und Giganten, ein genuin episches Thema, darstellen wollen. Und er war bei der Schilderung schon dort angelangt, wo Jupiter sich anschickt, mit seinem Blitz die Giganten zu zerschmettern, am dramatischsten Punkt der Handlung also. Doch da begegnete dem Dichter etwas völlig Überraschendes; es wird – nach der sechs Verse langen Schilderung des Gigantenkampfes – in betonter Kürze in nur drei Worten zusammengefaßt: »clausit amica fores«. Und mit einem Schlage ist die ganze epische Inspiration verschwunden, hat der Gigantenkampf in des Dichters Augen seinen Sinn verloren, sind ihm Jupiters Blitze wertlos geworden.

So habe er denn das Epos aufgegeben, sich wieder der Elegie zugewendet, und mit der Hilfe leichter, einschmeichelnder elegischer Verse sei es ihm schließlich wieder gelungen, die verschlossene Tür zu öffnen – die Gedichte erweisen ihre Allmacht. So folgt denn, in V. 23–28, ein hymnischer Lobpreis des *carmen,* wobei Ovid die verschiedenen Bedeutungen des Worts (Zauberformel, Spruch, Gedicht) zugrundelegt.

[18] Eine eingehende Erörterung der Intention, die Ovid mit den ›Amores‹ verfolgt, findet sich bei Gauly 18–33.

Doch nur die Elegie hat eine solche Funktion bei der Werbung um die Geliebte; Epen nützen in diesem Zusammenhang gar nichts (V. 29–32), sie werden hier nicht als ernsthafte Alternative zur Elegie ins Auge gefaßt, sondern von Ovid leichthin abgetan – erotischen Erfolg habe man nur mit elegischer Liebesdichtung.

So ist es denn nur folgerichtig, wenn Ovid schließlich die epische Dichtung verabschiedet – wie er das bereits in am. 1,1 getan hat. Worauf es ihm ankommt, ist die Reaktion der Mädchen; sie werden zum Schluß des Gedichts gebeten, ihre Huld seinen Elegien zuzuwenden – Elegien, die Amor ihm diktiere. Dieser Hinweis auf Amor lenkt zugleich zum Gedichtanfang zurück.

Kann man aus dieser Elegie schließen, Ovid habe in seiner Jugend eine epische Gigantomachie zu schreiben begonnen oder doch wenigstens schreiben wollen? Eine solche Annahme hat wenig für sich. Denn am. 2,1 ähnelt in vielem der Elegie 1,1; im Grunde wird mit 2,1 nur ausgestaltet, was bereits 1,1 zum Ausdruck bringt. Bei 1,1 aber steht der spielerische Charakter außer Frage. Demgemäß hat man 2,1 nicht als autobiographischen Bericht über ein dichterisches Unternehmen aufzufassen, vielmehr liegt auch hier die Ausprägung eines sogenannten Topos vor, und zwar geht es darum, diejenige literarische Gattung, für die man sich entscheidet, von den persönlichen Voraussetzungen her als notwendig darzustellen.

So kommt es für den Interpreten darauf an, die jeweilige Nuancierung der topischen Aussage herauszuarbeiten. Was bedeutet das für die Betrachtung von am. 2,1 im besonderen? Zunächst einmal ist es wiederum reizvoll zu sehen, welch nonchalante Form die Entscheidung zugunsten der Elegie hier erhält (etwa im Unterschied zu Properz). Das war freilich in am. 1,1 nicht anders. Für 2,1 speziell ist die Heraushebung der lebensweltlichen Funktion des elegischen Dichtens charakteristisch: Nur dieses Genre nütze bei der Werbung um die Geliebte, nicht das hehre Epos. Diese Seite wird so stark betont, daß man bei 2,1 kaum mehr merkt, daß es in Imitation jener Kallimacheischen Szene letztlich um die Schilderung dichterischer Berufung geht.

Auch das Einleitungsgedicht zum dritten Buch der ›Amores‹[19] stellt eine Ausprägung dieses Topos dar; hier erfährt er die wohl erstaunlichste Variation. Ovid hat die Elegie 3,1 mit Elementen epischen Darstellens angereichert. Da wird etwa, in episierender Manier, eine Natur-Szenerie geschildert, da gibt es nach epischem Vorbild Rede und Gegenrede. Aber dies Epische wird gleichsam nur zitiert, nur angedeutet – der elegische Charakter des Ganzen setzt sich entschieden durch.

Die ersten vier Verse beschreiben einen uralten Hain. Man spüre, daß er von göttlichen Mächten durchwaltet werde; seit langem sei kein Baum mehr gefällt worden. Auch finde sich eine heilige Quelle darin und eine Grotte. Die Szene erinnert an jene Örtlichkeiten, an denen seit Hesiods ›Theogonie‹ immer wieder dichterische Berufung sich ereignen soll.

In diesem alten Hain nun wandelt der Dichter, an das Werk denkend, das er sich als nächstes von der Muse eingeben lassen will (5 f.) – da begegnen ihm zwei Gestalten, Elegia und Tragoedia. Sie werden nacheinander eingeführt. Es handelt sich um Personifizierungen. Ein spezifischer Reiz der Ovidischen Darstellung liegt freilich darin, daß sie gleichzeitig immer die repräsentierte Sache selber (also die Dichtungsart) gegenwärtig sein läßt. Dafür mag es in hellenistischer Dichtung Vorbilder geben, aber nirgendwo findet sich etwas derart Verspieltes. Zunächst wird die Elegie beschrieben: schönstens frisiert, anmutig, mit ganz feinem Stoff bekleidet, der Blick liebevoll, und ihr einer Fuß – der Dichter meint erst, nicht richtig zu sehen – ist länger als der andere (der kürzere repräsentiert also den Pentameter). Doch jener kleine körperliche Fehler erhöht die Anmut der Gestalt nur.

Die Tragödie kann mit solcher Grazie nicht recht konkurrieren; ihr ganzes Auftreten wirkt eher aufdringlich. Wuchtig schreitet sie einher, die Haare hängen ihr in die trutzige Stirn, ihr Mantel reicht bis zur Erde, ihre Beine stecken in hohem Kothurn, und mit ausladender Gebärde schwingt ihre Linke das tragische Zepter (12–14). Sie stürzt sich geradezu auf den Dichter und schilt ihn aus; von der dabeistehenden Elegie nimmt sie gar keine Notiz.

Und was wirft die Tragödie dem Dichter vor? Allzu lange schon halte er an der Liebesdichtung fest. In der ganzen Stadt

[19] Literatur zu am. 3,1: Marg-Harder 212–214; Wimmel 295–297; Stroh (1971) 143 f.

habe er einen schlechten Ruf, weil er in seinen Elegien alle seine amourösen Eskapaden (seine *nequitia)* ausbreite; damit habe er seine Jugend vertan. Der unwürdige Stoff ziehe nur sein Talent herab und lasse es verkümmern; nunmehr sei es an der Zeit, sich einer höheren Aufgabe zuzuwenden: Die tragische Poesie der Römer solle durch ihn an Ruhm gewinnen, Ovids Geist ihren Gesetzen Leben geben. Schroff bricht sie an dieser Stelle ab – sie hat ihm ihr Verlangen mitgeteilt. Gravitätisch nickt sie (wie bei Homer der Göttervater) *terque quaterque* (dreimal und viermal, 32) mit dem Haupt. Anders als bei Homer handelt es sich freilich nur noch um eine große Geste, hier bei Ovid wird kein Olymp mehr erschüttert.

Wie steht es mit der Wirkung von Tragoedias Worten? Zumindest ein unmittelbarer Erfolg ist ihnen nicht beschieden. Denn nicht der so arg Gescholtene antwortet oder fügt sich gar, statt seiner spricht die indirekt Beleidigte, die Elegie. Sie weiß mit diesem ganzen Pathos der Tragödienrede nichts anzufangen, lächelt von der Seite (»limis ocellis«, V. 33) – und findet es komisch: Müsse die Tragödie denn immer so pompös auftreten? Könne sie denn allezeit nur feierlich sein? Immerhin, so fährt die Elegie fort, habe sich die Tragödie ja herbeigelassen, in elegischen Distichen zu sprechen, habe sich also bei ihrem Angriff auf die Elegie einer von der Elegie geborgten Waffe bedient.

Solches Argumentieren hat etwas sehr Spielerisches: Innerhalb des Gedichts reflektiert eine darin auftretende Gestalt über den poetischen Charakter der Gattung, das typische Versmaß – und bezieht sich darüber hinaus noch auf den vorangegangenen Passus des Gedichts.

Mit ihrem Hinweis auf die Verwendung des elegischen Distichons hat die Elegie dem Angriff der Tragödie die Spitze abgebrochen. Nachdem solchermaßen die zur Schau getragene Überlegenheit der Tragödie fragwürdig geworden ist, kann Elegia ruhig und gelassen dazu übergehen, den hohen poetischen Rang der Tragödie anzuerkennen: Sie wolle sich gar nicht mit der Erhabenheit tragischen Dichtens vergleichen; sie selber sei »leicht« (»sum leuis«, 41). Freilich – und da wird die Elegie kecker –, was finge die Göttin Venus ohne sie an? Ohne Elegie wäre Venus plump. Und sie bringe doch mehr zustande als die Tragödie mit ihrem Kothurn: sie könne verschlossene Türen öffnen; sie besitze die Fähigkeit, Unwürdiges (Sklavendienst) zu ertragen, und könne dem Liebenden Ratschläge erteilen. Die Nennung solcher Dinge erinnert an am. 2,1, wo sich das Epos gegenüber der verschlossenen Tür als machtlos erwies und nur die Elegie helfen konnte.

All das, was bis V. 52 angeführt war, ließ sich als Agieren der Gestalt Elegia verstehen, war also mit der Personifikation vereinbar. Im nächsten Abschnitt (53–58) verhält es sich anders. Da heißt es: Oft sei sie an einer Tür angeheftet gewesen, so daß die Vorübergehenden sie lesen konnten; ja – einmal sei sie von der Dienerin unter deren Gewand versteckt, ein andermal gar von einem Mädchen zerrissen und im Wasser fortgespült worden – all diese Aussagen sind nur noch über das geschriebene Gedicht möglich. Doch wenn Elegia V. 55 sagt, sie erinnere sich an jene Erlebnisse, dann bezieht sich dies wieder auf die Personifikation. Es sind also die beiden Aspekte, Gedicht und Gestalt, reizvoll kombiniert.

Doch die Rede der Elegie ist damit noch nicht zu Ende. In ihrem letzten Distichon wendet sie sich plötzlich an den Dichter: Ihr verdanke er alles; sie habe es so weit gebracht, daß nun jene, die Tragödie, nach ihm verlange.

So steht der Dichter zwischen beiden in der Mitte. Seine Situation entspricht derjenigen des Herakles am Scheidewege[20], wie sie zuerst in der griechischen Sophistik von Prodikos (bei Xenophon) dargestellt und dann in der Popularphilosophie hellenistischer Zeit, schließlich auch im Christentum gebraucht worden ist – freilich niemals in einem solchen Zusammenhang wie hier bei Ovid. Denn dem Herakles der Sophistik erscheinen Tugend (ἀρετή) und Lust (ἡδονή) – Personifikation gehört zu der Geschichte notwendig dazu –, und jede versucht, ihn für ihre Lebensweise zu gewinnen; Herakles wählt schließlich den mühevollen Weg der Tugend; in der reichen nachsophistischen Tradition wird dies Grundmuster beibehalten. Auf die Wahl einer literarischen Gattung hat dies, wie es scheint, erst Ovid bezogen.

Auch ist die Antwort, die Ovid den beiden Gestalten gibt, anderer Art als in der Tradition. Dort fällt die Entscheidung

[20] Marg-Harder 212.

ja stets für das Schwere, also das Gute. Auf dieser Folie ist die Ovidische Gestaltung besonders überraschend: Der Dichter ist verlegen, mit keiner Seite mag er es verderben, eine klare Entscheidung kann er gerade nicht treffen[21]. Ganz vorsichtig setzt er zu seiner Antwort an, fast beschwörend, und bedenkt erst einmal beide mit Komplimenten: Die Tragödie sei in der Tat etwas Erhabenes, die Elegie wiederum verleihe seiner Liebe lang dauernden Ruhm. Und dann erst trägt er seine Bitte vor: Die Tragödie möge noch eine Weile warten; bevor er sich der anstrengenden Tätigkeit des tragischen Dichtens zuwende, wolle er sich noch ein wenig am Schreiben von Elegien erfreuen. Mit dieser Bitte endet das Gedicht.

Auch hier also wird der Topos »Entscheidung für eine bestimmte Dichtungsart« gestaltet. Aber anders als bei 1,1 und 2,1 schimmert nun gleichsam eine biographische Situation hindurch: Ovid muß sehr wohl, als er dies schrieb, die Notwendigkeit empfunden haben, nach der Jugenddichtung der ›Amores‹ zu etwas Höherem überzugehen. Diesen einen Aspekt also hat man durchaus ernstzunehmen – daß er dann die Tragödie ›Medea‹ schuf und später die ›Fasti‹ und die ›Metamorphosen‹, bestätigt dies. Zugleich läßt 3,1 erkennen, wie sehr er sich dem Bisherigen noch verhaftet fühlt, es wenigstens zu einem Teil zu bewahren und in eine neue Lebensphase hinüberzutragen sucht[22].

Innerhalb der Sammlung ergibt sich an mehreren Stellen, daß zwei aufeinanderfolgende Gedichte zwar selbständige Einheiten darstellen, aber doch eng zusammengehören, ein »Paar« bilden – eine Erscheinung, die etwa auch bei Properz (u.a. mit 3,4 und 3,5) begegnet. In Ovids Sammlung ist besonders pointiert die Nachbarschaft der gleichlangen Elegien 2,7 und 2,8[23].

Die Situation, die 2,7 zugrundeliegt, ist folgende: Corinna hat den Dichter beschuldigt, daß er sie mit einer ihrer Zofen, mit Cypassis, betrüge. Aber dieser konkrete Vorwurf steht

[21] Fränkel 50; Marg-Harder 212: »Bei Ovid gibt's keine Entscheidung, sondern einen Kompromiß; er kann eben bei keiner Frau nein sagen.«

[22] Fränkel 50.

[23] Literatur zu am. 2,7 und 8: Davis (1977); Martyn 2442–2449; Watson (1983/II); Gross (1985) 69; 172.

nicht am Eingang des Gedichts, er erscheint vielmehr erst in V. 17f. In den vorangehenden 16 Versen gibt der Dichter seiner Empörung darüber Ausdruck, daß er sich von seiner Herrin immer wieder arge Beschimpfungen gefallen lassen müsse: »Ergo sufficiam reus in noua crimina semper?« (So muß ich denn allezeit für neue Anklagen herhalten?) »Ut uincam, totiens dimicuisse piget« (gesetzt auch, daß ich siege – so oft zu kämpfen, verdrießt mich, 1f.).

Das Wort »ergo«, mit dem das Ganze beginnt, markiert einen emphatischen Eingang, wie er vor Ovid vor allem bei Properz erscheint (3,7; 3,23) – jedesmal wird der Leser durch den Gebrauch der Schlußfolgerungspartikel in der ersten Zeile mitten in eine Situation hineingerissen, die er sich erst rekonstruieren muß, will er das Pathos des Sprechens begreifen. So bricht hier die Empörung über die Anklagen elementar hervor. Sie entfaltet sich dann über viele Verse hin. Wie immer er sich verhalten möge, Corinna werde Anlaß zur Eifersucht finden – ob er im Theater zu den Reihen der Zuschauerinnen hinblicke oder ob eine Frau sich ihm zuwende, ob er vor Corinna über eine andere gut oder schlecht spreche, stets reagiere die Geliebte voller Gift, lege alles zu seinen Ungunsten aus. So entsteht das Bild eines unschuldig Gepeinigten, dem die grundlose Eifersucht zuviel zu werden droht. Ja, hätte er doch wenigstens solche Dinge, die sie ihm vorwirft, getan – er ertrüge dies alles viel leichter!

Nachdem der Dichter so seinem Überdruß an diesen Streitereien Raum gegeben hat, kommt er schließlich auf Corinnas jetzigen Vorwurf zu sprechen: Mit Cypassis also soll er sich eingelassen haben! Dieser Behauptung setzt der Dichter eine ganze Reihe von Gründen entgegen, die sie als abwegig erscheinen lassen sollen: Als ob er, wenn er Corinna schon betrügen wollte, sich dazu ausgerechnet eine Sklavin aussuchen würde! Welcher Freie täte das je? Und obendrein noch eine Sklavin, die ihrer Herrin so treu ergeben ist wie Cypassis der Corinna; bei dieser Sklavin hätte er ja nicht nur mit Abweisung zu rechnen, sondern auch damit, daß sie die Eskapade ihrer Herrin hinterbringe. All dies ist im Ton tiefster Gekränktheit gesagt. Dazu paßt es dann, wenn am Schluß der Elegie ein feierlicher Schwur steht: »per Venerem iuro puerique uolatilis arcus/me non admissi criminis esse reum« (bei Venus schwöre ich und bei dem Bogen des geflügelten Knaben [Amor]: daß ich eines Vergehens angeklagt bin, das ich nicht begangen habe, 27f.).

So wird hier vom Anfang bis zum Schluß besonderes Pathos aufgeboten: erst beim Ausdruck der Empörung über Corinnas notorische Eifersucht, dann bei der Zurückweisung des konkreten Vorwurfs und schließlich beim Schwur. Dieser Aufwand soll dem Nachweis dienen, daß der Dichter nichts mit Cypassis zu tun gehabt haben könne: Eine Affäre vertrage sich weder mit dem individuellen Charakter der Cypassis noch mit der sozialen Position des Sprechenden. Über Cypassis selbst erfährt der Leser im wesentlichen nur zwei Dinge: einmal daß sie ihre Aufgabe, für die Toilette der Herrin zu sorgen, mit Geschick löse (»sollers ornare«, 17); zum anderen daß sie der Herrin treu ergeben sei (»tam fida«, 25).

Um so verblüffender ist nun das Gedicht 2,8. Als Ganzes ist es an Cypassis gerichtet. Dabei wird (wie etwa auch in 1,11) viel Schmeichelhaftes über die Sklavin gesagt; dies geht weit über die knappe Charakterisierung hinaus, die Ovid in 2,7 von ihr gegeben hatte. Es heißt jetzt nicht lediglich, daß sie »sollers ornare« sei – nein, sie sei so geschickt, daß sie mit dem Reichtum ihrer Kunstfertigkeit Göttinnen dienen sollte (1f.). Und dann erfährt man: »et mihi iucundo non rustica cognita furto« (die du von mir erkannt worden bist als eine, die bei ergötzlichem Rendezvous nicht spröde ist, 3). Hier wird also vorausgesetzt, daß die beiden eine Affäre hatten; der Cypassis bescheinigt der Dichter, seinen Wünschen gegenüber willfährig gewesen zu sein. Hatte man in 2,7 gehört, daß die Sklavin ihrer Herrin treu ergeben ist, so wird dies Lob jetzt zwar nicht widerrufen, aber doch ganz anders akzentuiert: »apta quidem dominae, sed magis apta mihi« (der Herrin zwar verbunden, aber mir verbundener, 4).

Doch wenn die Sklavin sich so geschickt, so umsichtig verhalten hat – wieso konnte Corinna dann etwas von ihrem Verhältnis merken? Dieser Frage sinnt der Dichter nach: War etwa er selber daran schuld? Aber er hat Corinna gegenüber doch – in Elegie 2,7 – erklärt, wer sich mit einer Sklavin auf ein Liebesverhältnis einlasse, müsse verrückt sein (9f.). Eine solche Behauptung ist, sozialhistorisch betrachtet, ziemlich unverfroren. Daß sich ein Herr mit einer Sklavin einließ, war ja in Rom gang und gäbe, jedenfalls wenn es eine der eigenen Sklavinnen war; die Sklavin eines anderen zu wählen, war freilich von dieser Sitte aus nur ein kleiner Schritt.

Bei seiner Überlegung kommt der Dichter zu dem Schluß, daß er sich nicht selbst verraten hat. Da bleibt nur, daß Cypassis es war, die ihr Geheimnis der Herrin preisgegeben hat. Und eben dies behauptet der Dichter jetzt: Cypassis habe sich nicht genügend verstellen können, sie sei rot geworden – während er selbst, viel geistesgegenwärtiger, einen Schwur bei Venus abgelegt habe, um Corinna in Sicherheit zu wiegen (17f.). So trifft die Sklavin zwar die Verantwortung, aber sie wird galant von jedem Tadel verschont. Jene Angelegenheit, die im Zentrum des vorangegangenen Gedichts gestanden hatte, ist damit geklärt. Nunmehr äußert der Dichter die Bitte an Venus, die früheren Schwüre unwirksam werden zu lassen.

Aber damit nicht genug, er fordert Cypassis auf, wieder zu ihm zu kommen. Ob sie etwa nicht die Klugheit, mit der er vor Corinna agiert habe, anerkenne? Ob sie sich etwa sträube zu kommen? Dann, so droht er, werde er selber alles der Corinna erzählen (25ff.). Das ist nichts anderes als ein Erpressungsversuch. Dabei hat er wenig in der Hand: Denn wie könnte er nach der pathetischen Beschwörung in 2,7 vor Corinna treten und einräumen, daß es doch eine Affäre gegeben hat? Aber darauf, daß des Dichters Verhalten inkonsequent ist, kommt es jetzt nicht an; man soll das Geschick bewundern, mit dem er sein Ansinnen, sein Verlangen nach einem neuen Rendezvous vorträgt – Cypassis wird es gewiß nicht leicht fallen, dies zurückzuweisen.

Etwas Verblüffenderes als diese Elegie 2,8 könnte auf das vorausgehende Gedicht 2,7 kaum folgen: Ovid selber spielt in 2,8 mit der ganzen Pathetik des vorigen Gedichts, so daß sich der rhetorisch-argumentative Aufwand des ersten vom zweiten her als bloße Verstellung, als bloße Tarnung erweist. Ein derartig mutwilliges Spiel wäre etwa bei Properz (wo sich ja auch Gedichtpaare finden) undenkbar.

Nun soll es um am. 3,11 gehen[24]. Dargestellt ist in diesem Gedicht der Widerstreit zweier Empfindungen, von Haß und Liebe in demselben Menschen, eine innere Zerrissenheit: Die Geliebte enttäuscht ihn tief, aber er kommt von ihr nicht los. Diese Erfahrung ist in antiker Literatur vielfach beschrieben worden, etwa von Philodemos in einem Liebesepigramm (Anthologia Palatina 5,106). Unter dem Einfluß solcher Epigrammatik steht Catull, und von ihm wiederum haben sich alle lateinischen Liebeselegiker anregen lassen: Properz, Tibull und eben auch Ovid.

Multa diuque tuli; uitiis patientia uicta est.
  cede fatigato pectore, turpis Amor!
scilicet asserui iam me fugique catenas
  et, quae non puduit ferre, tulisse pudet.
uicimus et domitum pedibus calcamus Amorem:
  uenerunt capiti cornua sera meo.
perfer et obdura! dolor hic tibi proderit olim:
  saepe tulit lassis sucus amarus opem.
ergo ego sustinui, foribus tam saepe repulsus,
  ingenuum dura ponere corpus humo?
ergo ego nesciocui, quem tu complexa tenebas,
  excubui clausam, seruus ut, ante domum?
uidi, cum foribus lassus prodiret amator
  inualidum referens emeritumque latus.
hoc tamen est leuius quam quod sum uisus ab illo;
  eueniat nostris hostibus ille pudor.
quando ego non fixus lateri patienter adhaesi,
  ipse tuus custos, ipse uir, ipse comes?
scilicet et populo per me comitata placebas:
  causa fuit multis noster amoris amor.
turpia quid referam uanae mendacia linguae
  et periuratos in mea damna deos,
quid iuuenum tacitos inter conuiuia nutus
  uerbaque compositis dissimulata notis?
dicta erat aegra mihi: praeceps amensque cucurri;
  ueni, et riuali non erat aegra meo.
his et quae taceo duraui saepe ferendis:

[24] Literatur zu am. 3,11: Gross (1975); Gross (1985) 159–168; Keul 6–166 (auf den Seiten 6–8 eine Prosaübersetzung der Elegie).

quaere alium pro me qui uelit ista pati.
iam mea uotiua puppis redimita corona
lenta tumescentes aequoris audit aquas.
desine blanditias et uerba potentia quondam
perdere: non ego sum stultus, ut ante fui.
luctantur pectusque leue in contraria tendunt
hac amor, hac odium; sed, puto, uincit amor.
odero, si potero; si non, inuitus amabo;
nec iuga taurus amat; quae tamen odit, habet.
nequitiam fugio, fugientem forma reducit;
auersor morum crimina, corpus amo.
sic ego nec sine te nec tecum uiuere possum
et uideor uoti nescius esse mei.
aut formosa fores minus aut minus improba uellem:
non facit ad mores tam bona forma malos.
facta merent odium, facies exorat amorem:
me miserum! uitiis plus ualet illa suis.
parce per o lecti socialia iura, per omnes,
qui dant fallendos se tibi saepe deos,
perque tuam faciem, magni mihi numinis instar,
perque tuos oculos, qui rapuere meos.
quicquid eris, mea semper eris; tu selige tantum,
me quoque uelle uelis anne coactus amem.
lintea dem potius uentisque ferentibus utar
ut, quam, si nolim, cogar amare, uelim.

Vieles habe ich und lang es ertragen; durch Fehler ist meine Geduld nun überwunden.
Weiche aus dem müde gewordenen Herzen, schändliche Liebe!
Ja, nun habe ich mir die Freiheit verschafft und bin den Ketten entronnen,
und was zu tragen ich mich nicht schämte, das getragen zu haben schäme ich mich.
Besiegt habe ich und gebändigt die Liebe und trete sie mit Füßen,
gewachsen ist meinem Haupt spät endlich die Kraft.
Halt aus und werde hart! Dieser Schmerz wird einstmals dir nützen:
oft hat Kranken bitterer Saft Hilfe gebracht.
Also vermochte ich es, von der Tür so oft weggewiesen,

meinen freien Körper auf harte Erde zu legen?
Also habe ich irgendeinem zuliebe, den du umfangen hieltest,
draußen vor dem verschlossenen Haus wie ein Sklave gelegen?
Gesehen habe ich's, als dein Liebhaber ermattet aus der Tür heraustrat
und sich kraftlos und erschöpft davonschleppte.
Doch das ist weniger schlimm, als daß er mich gesehen hat.
Möge meinen Feinden solche Schmach zuteil werden!
Wann bin ich nicht geduldig nahe an deiner Seite geblie-ben,
ich dein Wächter, ich dein Mann, ich dein Begleiter?
Ja, und es gefiel den Leuten, wenn du von mir begleitet wurdest.
Für viele war Anlaß zur Liebe die Liebe von uns.
Was soll ich erinnern an die häßlichen Lügen deiner trügerischen Zunge
und an die zu meinem Unheil mit Meineiden beschwo-renen Götter?
Was an die stummen Winke der Jünglinge beim Gelage
und an die Worte, die verborgen waren unter verabre-deten Zeichen?
Gesagt wurde mir, sie sei krank; von Sinnen eilte ich Hals über Kopf hin –
ich kam, und für meinen Rivalen war sie nicht krank!
Dadurch, daß ich dies und anderes, worüber ich schweige, ertrug, bin ich hart geworden;
suche nun einen anderen für mich, der dies da hinzu-nehmen gewillt ist!
Schon ist mein Schiff mit dem Kranz für die Götter geschmückt
und ruhig hört es die (draußen) tobenden Wogen des Meeres.
Laß ab, Schmeicheleien und Worte, die einstmals mäch-tig,
zu vergeuden: ich bin nicht mehr törich wie einst.
Es ringen und zerren mein unstetes Herz in entgegen-gesetzte Richtungen

hier Liebe, hier Haß; doch glaube ich, es siegt die Liebe.
Hassen werde ich, wenn ich's vermag; sonst werde ich – gegen meinen Willen – lieben.
Auch der Stier liebt das Joch nicht; und das er nicht will, trägt er doch.
Vor deiner Schlechtigkeit fliehe ich; den Fliehenden holt die Schönheit zurück;
ich wende mich ab von deinem schlimmen Wesen, liebe deinen Körper:
So kann ich nicht ohne dich und nicht mit dir leben,
und es scheint: ich weiß nicht, was ich mir wünsche.
Daß du weniger schön und weniger schlecht wärest, wollte ich:
nicht paßt zu schlechtem Wesen so große Schönheit.
Dein Tun verdient Haß, dein Antlitz fleht nach Liebe –
ich Unglücklicher! Mehr vermag sie als ihre Fehler!
Sei gnädig! (Ich bitte dich) bei dem gemeinsamen Recht unseres Lagers,
bei allen Göttern, die dich oft Meineide bei sich schwören ließen,
bei deinem Antlitz, das mir so viel wert ist wie eine mächtige Gottheit,
bei deinen Augen, die die meinen erobert haben.
Wie du auch sein magst, du wirst immer mein sein; bei dir liege nur die Wahl, ob du willst, daß auch ich (dich lieben) will, oder daß ich gezwungen dich liebe.
Lieber möchte ich die Segel ausspannen und von den Winden mich tragen lassen, damit ich jene, die ich, wollte ich's nicht, lieben müßte, zu lieben bereit bin.

Das von Ovid in diesem Gedicht Geleistete läßt sich, wie Meike Keuls Untersuchung überzeugend dargetan hat, nur dann recht würdigen, wenn man es mit der literarischen Tradition vergleicht, zu der es Bezug hat[25]. Wenigstens einige der für Ovid wichtigen Schöpfungen seien berührt. Am Anfang muß Catulls c. 85 stehen, ein überaus berühmtes Epigramm, das nicht nur Ovid, sondern auch seinen Lesern

[25] Grundsätzliche Überlegungen dazu bei Keul 1–5.

aufs beste vertraut war; es handelt sich um ein Einzeldistichon[26]:

> Odi et amo. quare id faciam, fortasse requiris.
>   nescio, sed fieri sentio et excrucior.

Das Epigramm beginnt mit einer Aussage, die von innerer Gewißheit geprägt ist: »odi et amo« – der Sprechende weiß sich von zwei einander entgegengesetzten Empfindungen erfüllt und gibt dem aufs knappste Ausdruck. Das Aussprechen nun bezieht ein Gegenüber, ein Du ein. Ihm leiht der Sprechende sodann seine Stimme, indem er sich auf eine mögliche Frage bezieht: »quare id faciam, fortasse requiris«. Mit solchem Fragen gibt der andere keine besondere innere Beteiligung zu erkennen – er wünscht eine rationale Erklärung für das, was der Sprechende tue, indem er hasse und liebe. Die Antwort folgt nach der Pause des Versschlusses, wiederum ganz knapp: »nescio«, er wisse es nicht – wie sollte er auch seinen Zustand erklären können? Denn ein Zustand ist es ja, worin er lebt, nicht ein Tun; die Frage des Gegenübers, »quare id faciam«, war also verfehlt. Der Sprechende versteht sich nicht als aktiv Handelnden, er spürt vielmehr, daß etwas an ihm geschieht: »fieri sentio« – die Formulierung zeigt, daß er nicht nur die Unterstellung, er tue etwas, zurückweist, sondern auch die rationale Erfaßbarkeit, die ja bei »quare ... requiris« vorausgesetzt war, ablehnt[27]. Der Sprechende fühlt sich also jenem Zustand ausgeliefert und wird durch ihn gepeinigt; »excrucior« am Schluß des Pentameters entspricht in seinem Rhythmus genau dem »odi et amo« des Hexametereingangs: So ist von Ursache und Folge das ganze Distichon umrahmt. Kraft und Geschlossenheit dieser zwei Zeilen beruhen nicht zum wenigsten darauf, daß alles in Verben ausgedrückt ist – kein Substantiv drängt sich ein, so daß die Formulierung etwas ungemein Dynamisches erhält.

Catulls Distichon c. 85 nun war für Ovids Elegie 3,11 außerordentlich wichtig. Das ergibt sich ganz klar aus fol-

[26] Das Distichon im Deutschen adäquat wiederzugeben, ist ungemein schwierig; verwiesen sei auf die 18 metrischen Übertragungen, die Heine 91f. anführt.
[27] S. dazu Lausberg (1982/I) 334.

genden Versen: »luctantur ... hac amor, hac odium« (33f.); »odero ... amabo« (35), und in V. 40 wirkt in »nescius« doch wohl das Catullische »nescio« nach.

Es haben aber auch noch andere Gedichte für Ovid Bedeutung gewonnen[28]; in der reichen Forschungsgeschichte sind sie freilich unterschiedlich gewichtet worden.

Herauszuheben ist zunächst ein weiteres Gedicht Catulls: c. 8; es handelt sich um ein in Choliamben geschriebenes Abschiedsgedicht, um die Formulierung einer endgültig gemeinten Absage: Der Sprechende ruft sich, mit Selbstanrede (»miser Catulle«), zur Vernunft: »desinas ineptire« (du sollst aufhören, Unsinn zu reden), erinnert sich mit »quondam« (V. 3) an die einstige herrliche Zeit, die er mit der Geliebten verbracht hat, an ihr gemeinsames Leben, ihre Eintracht. Doch nun sucht er sich von alledem loszureißen, will ihr nicht mehr nachgeben: »sed obstinata mente perfer, obdura« (11). Aber die Gedanken kommen von der Geliebten nicht los, und so sucht er sich, am Ende, jäh abbrechend, noch ein letztes Mal zu ermannen.

Die Berührungen des Ovidischen mit diesem Catull-Gedicht c.8 liegen auf der Hand: Catulls »desinas ineptire« (1) entspricht bei Ovid V. 32: »non ego sum stultus, ut ante fui«; die Catullischen Imperative »perfer« und »obdura« (11) kehren bei Ovid V. 7 wörtlich wieder.

Weitere Vorbilder finden sich bei Properz, der seinerseits von Catull beeinflußt ist; dabei geht es vor allem um die Elegien 1,15 und 3,24.

In 1,15 wird Cynthia vorgeworfen, sie denke nur an sich und kümmere sich darüber nicht um eine große Gefahr, in die ihr Geliebter geraten könne. Dabei beruft sich der Sprechende auf das Leid, das er wegen des flatterhaften Wesens der Geliebten ertragen habe, und erklärt, ein einzelnes Ereignis, ein besonderer Fall von Treulosigkeit, Verrat (»perfidia«) sei es nun, der das Maß voll mache. Doch aus der breiten Klage über Cynthias Verhalten, über ihre Gleichgültigkeit, ihren Charakter entwickelt sich bald ein Bekenntnis steter, unerschütterlicher Verbundenheit mit ihr.

Ovids Elegie ist diesem Properz-Gedicht in manchen Zügen verwandt: Auch Ovid verweist auf das Leid, das er bis-

[28] Keul, insbesondere 248–371.

her ertragen hat (»multa diuque tuli«), auch Ovid hebt in V. 15 den einen Fall heraus, der das Bisherige hinter sich lasse, auch er bekennt seine Zugehörigkeit. So ist an einem Einfluß von Prop. 1,15 nicht zu zweifeln – nur daß Properz eine weit ernstere, schlimmere Situation evoziert: Der Sprechende sieht sich dem Verderben preisgegeben (»ego nunc pereo«, 41). Davon ist bei Ovid keine Rede.

In der Properzischen Elegie 3,24 schließlich geht es um die endgültige Absage an Cynthia und zugleich an die Liebesdichtung. Es erfüllt den Dichter mit Scham, daß er Cynthia bisher durch seine Verse so berühmt gemacht hat, indem er sie so sehr verklärte. Nun aber ist er wieder zur Vernunft gekommen, metaphorisch gesprochen: Sein Schiff hat nach stürmischer Fahrt einen festen, ruhigen Ankerplatz gefunden (15–18). Dem entspricht bei Ovid genau die Partie 29–32, wo ebenfalls das Bild des nach schwieriger Fahrt in den Hafen zurückgekehrten Schiffes gebraucht ist und wo auch das Wiedererlangen des vernünftigen Sinns betont wird.

Dies sind die Hauptvorlagen für Ovid; auch für weitere Verse und Motive lassen sich Vorbilder vor allem bei Properz und Tibull nachweisen. Die Zusammenhänge des Ovid-Textes mit früheren Dichtungen sind außerordentlich eng. Und doch stellt das Gedicht Ovids keineswegs eine bloße Aneinanderreihung verschiedener, von der Tradition bereitgestellter Motive dar, vielmehr ist alles zu etwas Neuem, durchaus Eigenständigem umgeschmolzen. Dies im einzelnen nachgewiesen zu haben, ist eines der Verdienste von Meike Keuls Arbeit.

Das zentrale Problem, mit dem sich die Interpretation des Gedichts auseinanderzusetzen hat, ist seine Struktur. 1856 hat der Philologe Lucian Müller vorgeschlagen, die ersten 32 Verse als eigenständige Elegie anzusehen und mit Vers 33 eine zweite, Elegie 11 b, beginnen zu lassen[29]. Seither hat dieser Vorschlag immer wieder Zustimmung gefunden[30]. Die Frage lautet also, ob die 52 Verse überhaupt ein einheitliches Gebilde darstellen oder nicht[31].

[29] Lucian Müller 89–91.

[30] Beispielsweise bei Kenney in seiner Ausgabe der ›Amores‹, Oxford 1961, 92–94.

[31] Zu verweisen ist auf die eingehende Erörterung des Problems bei Keul 148–166; das Folgende stimmt weitgehend mit Keuls Auffassung überein.

Ganz wie in Catulls c. 8 finden sich hier bei Ovid Selbstanrede, Selbstermunterung des Sprechenden einerseits und andererseits Hinwendung zur Geliebten, d.h. Anrede an sie. Der häufige Wechsel zwischen beiden Formen und Funktionen gibt dem Ganzen eine besondere Dynamik.

In den ersten sechs Versen wird die Situation entworfen, von der das Gedicht ausgeht: Der Sprechende erklärt, nach langem, ermüdendem und insbesondere schimpflichem Erleiden sei seine Geduld nunmehr erschöpft; er habe seine Liebe siegreich überwunden, sich die Freiheit vom »seruitium amoris« erkämpft – eben dies stellt er mit Nachdruck fest. Zumal die Verse 5 und 6 mit der kraftvollen Anfangsstellung des Verbs klingen triumphal, scheinen einen wirklichen Abschluß der Liebesbeziehung zu besagen.

Mit der Entschiedenheit der Eingangspartie, vor allem der Verse 5 und 6, kontrastiert nun das unmittelbar Folgende, das Distichon 7f., höchst merkwürdig: Der Sprechende ermahnt sich dort selbst, hart zu werden (»perfer et obdura«). Und wenn er dann noch den Hinweis anfügt, aus dem bitteren Schmerz, den eine solche Trennung von der Geliebten ja doch bedeute, werde er später einmal Nutzen ziehen, so entfernt sich solches Klügeln, solche Sophisterei erst recht von jenem Siegesgefühl der Eingangspartie. Es geht dem Sprechenden ganz offensichtlich darum, sich selbst zu beschwichtigen.

Dieser Eindruck verstärkt sich im folgenden noch. Denn in V. 9–14 blickt der Sprecher auf Erlittenes und Ertragenes zurück – das wirkt fast wie eine Entschuldigung, eine Selbstrechtfertigung. Wenn er dabei die Formulierung »ergo ego« aus V. 9 in V. 11 wiederholt, so markiert dies ein Aufbegehren. Nunmehr wird die Geliebte angeredet (zuerst in V. 11); der dadurch Vergegenwärtigten hält der Sprechende dann all die Demütigungen vor, die er von ihr erlitten hat: das Ausgeschlossensein (also das Los des »exclusus amator«[32]), das Zurückstehen hinter einem Nebenbuhler, ihre Meineide, den Bruch der Vereinbarungen, ihre Versuche, ihn zu hintergehen (15–26).

[32] Zu der in römischer Liebeselegie mehrfach dargestellten Situation des »exclusus amator« s. die Monographie Copleys; zu Ovids Verwendung des Topos in am. 3,11: Keul 28–39.

Mit all den Anklagen, die er gegen die Geliebte in V. 9–26 vorbringt, sucht sich der Sprechende bei seinem Entschluß zur Trennung zu halten. Doch ein Stück fällt aus dem einheitlichen Zusammenhang dieser Passage heraus. Es sind dies V. 17–20: »Wann bin ich nicht geduldig nahe an deiner Seite geblieben, ich dein Wächter, ich dein Mann, ich dein Begleiter?« Die Emphase, mit der das gesagt wird, hat etwas Beschwörendes: Der Sprechende sucht hier die Erinnerung an das gemeinsame Liebesglück heraufzurufen – inmitten all der Vorhaltungen, ein Bruch also. Gewiß, wenig später, in V. 27–30, bekräftigt der Sprecher seine Absage: Jetzt sei er erlöst, befinde er sich im sicheren Hafen. Doch dann gibt er der Erinnerung an das Frühere wieder Raum – in V. 31 steht jenes »quondam«, wie es bei Catull in c. 8 begegnet.

So ist in den Versen 1–32 gelegentlich ein Bruch zu registrieren; damit erweist sich dieser Teil als nicht in sich ruhend. Da der Sprechende seine Situation noch nicht bewältigt hat, erwartet man eine Fortsetzung.

Mit dieser Feststellung aber ist Lucian Müllers immer wieder aufgegriffenem Vorschlag, mit V. 33 eine zweite Elegie beginnen zu lassen, der Boden entzogen. Gewiß liegt hier bei V. 32 eine gedankliche Zäsur. Aber angesichts der inneren Zerrissenheit, die von Beginn an spürbar geworden ist, ohne doch je formuliert, auf den Begriff gebracht worden zu sein, kann das Gedicht nicht gut mit V. 32 enden. Es verhält sich hier durchaus anders als bei Catulls Distichon c. 85: Dort wird ja mit dem »sed«-Satz im Pentameter eine Antwort auf die vorausgehende Frage gegeben, wird die innere Spannung gelöst und mit der Aussage »excrucior« am Pentameterende ein klarer Abschluß markiert.

Hinzu kommt im Falle Ovids noch dies: Der mit V. 33 beginnende Teil ließe sich nicht als selbständig verstehen.

Doch was geschieht nun in diesem zweiten Teil der Elegie? Jener innere Widerstreit, der im ersten Gedichtteil nur latent wirksam war, wird von V. 33 an ausgesprochen: auf der einen Seite Liebe, auf der anderen Seite Haß – die Reihenfolge ist also gegenüber Catull c. 85 umgekehrt. Der Sieg gehöre, so erklärt der Dichter V. 34, vielleicht der Liebe: »sed, puto, uincit amor«. Wie »puto« andeutet, kommt es also nicht zu einem plötzlichen Umschlag der Stimmung, das Ergebnis ist noch unbestimmt, und so wird auch in

V. 35f., in konditionaler Form, noch das Hassen erwogen. Sodann bezeichnet der Sprechende die Pole, zwischen denen er schwankt, im einzelnen: Liederlichkeit (»nequitia«) versus Schönheit (»forma«), unzuverlässiger Charakter (»morum crimina«) versus bestrickender Körper (»corpus«). Kurz, weder ohne sie noch mit ihr könne er leben.

Doch allmählich zeichnet sich immer stärker ab, was sich bereits in V. 34 (»sed, puto, uincit amor«) angedeutet hatte: der Sieg der Liebe. Schließlich fällt die Entscheidung: Was die Geliebte tue, verdiene zwar Haß, doch ihr Antlitz flehe nach Liebe. So unterwirft sich der Dichter denn (»me miserum«, 44) und beschwört die Geliebte, bei all ihren Eiden, bei ihrer göttlichen Schönheit, bei ihren unwiderstehlichen Augen ihm nicht gar zu grausam mitzuspielen. Doch wie immer sie es halten mag – er wird ihr ergeben sein. Loskommen kann er von ihr nicht, und bei ihr liegt es nun, ob er sich gern oder widerwillig in sein Los schickt, ob er es dahin bringen kann, sie freudig zu lieben. Die letzte Zeile ist so preziös formuliert, daß kein Pathos bleibt.

So fehlt der Schlußpartie der Ausdruck von Verzweiflung. Hier könnte weder ein Catullisches »excrucior« noch ein Properzisches »ego nunc pereo« stehen. Schon dies zeigt, daß Ovid – bei allem Anschluß an die literarische Tradition – doch etwas sehr Eigenes geschaffen hat.

Als letzte sei die von Hermann Fränkel in seiner Ovid-Monographie zu Recht herausgehobene Elegie 1,13 betrachtet[33]. In diesem Gedicht spielt Aurora (Eos), die Göttin der Morgenröte, eine große Rolle; sie lebt in der Vorstellung der Antike als schöne junge Frau, deren Finger und Arme und deren Kleidung rosenrot schimmern. Ihre Bahn am Himmel legt sie in einem Wagen zurück; der Morgenstern eilt ihr voran, während die übrigen Sterne vor ihr fliehen; auf diese Flucht spielt Ovid V. 28 an. Der Mythos schreibt Aurora eine Reihe von Liebesabenteuern zu; Ovid bezieht sich auf eines davon: In V. 39f. spricht er von ihrer Liebe zu Cephalus, den sie seiner Gemahlin Procris zu entfremden und für sich zu gewinnen weiß.

[33] Literatur zu am. 1,13: Fränkel 12–18; Barsby (1973) 140–147; Elliot (1973); Sabot (1976) 477–482; McKeown (1989) 337–363.

Doch im Zentrum des Gedichts steht Auroras Beziehung zu Tithonus, einem Sproß des troischen Königshauses. Aurora entführt ihn nach Äthiopien; von seinem Lager erhebt sie sich jeden Morgen, um – wie Homer (Il. 11,1f. und Od. 5,1f.) sagt – Göttern und Menschen das Tageslicht zu bringen. Von Jupiter erbittet sie Unsterblichkeit für Tithonus, und der Wunsch wird ihr erfüllt. Aber Aurora hat vergessen, zugleich ewige Jugend für ihren Gemahl zu erbitten; so altert denn Tithonus neben der ewig jungen, allen Gefahren der Zeit entrückten Göttin immer weiter, verliert mehr und mehr an Kraft; sie muß ihn füttern. Schließlich wird sie ihn aus Mitleid in eine Zikade verwandeln; von dieser Metamorphose ist bei Ovid freilich nicht die Rede. Dagegen bezieht er sich noch auf den Sohn beider, auf Memnon (V. 3); als in Äthiopien (wohin sie ja seinen Vater entführt hatte) geboren, wird er dunkelhäutig genannt (V. 31: »filius ater«). Memnon nun steht als Fürst der Äthiopier den Trojanern in ihrem Kampf gegen die Griechen bei, fällt aber durch die Hand Achills. Nachdem er in der Nähe Trojas bestattet worden ist, kommen jedes Jahr aus Äthiopien Vögel an sein Grab, tragen dort heftige Kämpfe aus, bei denen sie sich verletzen. Es ist dies das blutige Totenopfer, bei dem Ovid die Göttin Aurora in V. 3f. beschwört.

Was nun das Schicksal des Tithonus betrifft, so war es in der Literatur, vor allem in der Dichtung, oft behandelt worden. Ein berühmtes frühes Beispiel ist ein nur fragmentarisch erhaltenes Gedicht des Elegikers Mimnermos, der um 600 v. Chr. gelebt hat. Das Fragment (4 Diehl)[34] lautet: »Dem Tithonos gab Zeus schlimmes, unwandelbares Alter, das noch ärger ist als der arge Tod.« Immer wieder hat Mimnermos in seinen Dichtungen das Unglück des Altseins beklagt; im vorliegenden Fragment wird dies nun an Tithonos exemplifiziert. Die Sage ist dabei ganz ernstgenommen. Etwas Entsprechendes gilt für Properz: In der Elegie 2,18 stellt er die Beziehung zwischen Aurora und Tithonus allerdings nicht unter das Motiv »unseliges Greisenalter«, sondern führt sie als Beispiel für unerschütterliche Liebe an. Beide

[34] Anthologia Lyrica Graeca, ed. E. Diehl, Leipzig [4]1954, 50; abweichende Textgestaltung in: Delectus ex iambis et elegis Graecis, ed. M. L. West, Oxford 1980, 136.

Male also, bei Mimnermos wie bei Properz, ist die Sage rührend-pathetisch gestaltet. Mit Ovids Gedicht verhält es sich anders.

Iam super Oceanum uenit a seniore marito
 flaua pruinoso quae uehit axe diem.
quo properas, Aurora? mane! sic Memnonis umbris
 annua sollemni caede parentet auis.
nunc iuuat in teneris dominae iacuisse lacertis;
 si quando, lateri nunc bene iuncta meo est.
nunc etiam somni pingues et frigidus aer,
 et liquidum tenui gutture cantat auis.
quo properas, ingrata uiris, ingrata puellis?
 roscida purpurea supprime lora manu.
ante tuos ortus melius sua sidera seruat
 nauita nec media nescius errat aqua;
te surgit quamuis lassus ueniente uiator
 et miles saeuas aptat ad arma manus;
prima bidente uides oneratos arua colentes,
 prima uocas tardos sub iuga panda boues;
tu pueros somno fraudas tradisque magistris,
 ut subeant tenerae uerbera saeua manus,
atque eadem sponsum cultos ante Atria mittis,
 unius ut uerbi grandia damna ferant;
nec tu consulto, nec tu iucunda diserto;
 cogitur ad lites surgere uterque nouas;
tu, cum feminei possint cessare labores,
 lanificam reuocas ad sua pensa manum.
omnia perpeterer; sed surgere mane puellas
 quis, nisi cui non est ulla puella, ferat?
optaui quotiens ne nox tibi cedere uellet,
 ne fugerent uultus sidera mota tuos!
optaui quotiens aut uentus frangeret axem
 aut caderet spissa nube retentus equus!
inuida, quo properas? quod erat tibi filius ater,
 materni fuerat pectoris ille color.
[quid, si non Cephali quondam flagrasset amore?
 an putat ignotam nequitiam esse suam?]
Tithono uellem de te narrare liceret:
 femina non caelo turpior ulla foret.
illum dum refugis, longo quia grandior aeuo,

surgis ad inuisas a sene mane rotas;
at si quem manibus Cephalum complexa teneres,
clamares ›lente currite, Noctis equi!‹
cur ego plectar amans, si uir tibi marcet ab annis?
num me nupsisti conciliante seni?
aspice quot somnos iuueni donarit amato
Luna, neque illius forma secunda tuae.
ipse deum genitor, ne te tam saepe uideret,
commisit noctes in sua uota duas.
iurgia finieram; scires audisse: rubebat,
nec tamen assueto tardius orta dies.

Schon kommt über den Ozean von der Seite des gealterten Mannes
sie, die hellschimmernd mit taubenetztem Wagen den Tag heraufführt.
Wohin eilst du, Aurora? Warte noch! Dann möge den Schatten Memnons
jedes Jahr der Vogel mit der Feier des Mords das Totenopfer bringen!
Jetzt macht es Freude, in den zarten Armen der Herrin zu ruhen;
wenn je, dann liegt sie jetzt nahe an meiner Seite.
Jetzt auch ist der Schlaf ergiebig und kühl die Luft,
und aus sanfter Kehle singt der Vogel ein helles Lied.
Wohin eilst du, unwillkommen den Männern, unwillkommen den Mädchen?
Halte die betauten Zügel mit deiner Purpurhand zurück!
Vor deinem Aufgang beobachtet der Seemann seine Sterne besser
und irrt nicht ahnungslos mitten im Meer umher.
Bei deinem Kommen erhebt sich, wie müde er auch sei, der Wanderer,
und der Soldat legt seine grimmigen Hände an die Waffen.
Als erste siehst du mit Ackergerät Beladene ihr Feld bebauen,
als erste rufst du träge Rinder unter das gekrümmte Joch.
Du betrügst die Knaben um ihren Schlaf und übergibst sie den Lehrern,
damit ihre zarten Hände grausame Schläge erleiden,

und du schickst auch Leute in ihrer feinsten Toga vor den Vesta-Tempel
zum Bürgen – damit sie wegen eines einzigen Worts großen Schaden
davontragen; nicht bist du dem Anwalt, nicht dem Redner zur Freude:
gezwungen wird der eine wie der andere, zu neuem Streit sich zu erheben.
Und während die Arme der Frauen noch ruhen könnten,
rufst du die webende Hand an ihre Arbeit zurück.
Alles nähme ich hin. Aber daß morgens die Mädchen sich erheben müssen,
wer könnte das – außer wenn er kein Mädchen hat – ertragen?
Wie oft habe ich gewünscht, daß die Nacht nicht dir zu weichen bereit sei,
daß die Sterne in ihrem Lauf vor deinem Antlitz nicht fliehen
sollten! Wie oft habe ich gewünscht, der Wind möge
deinen Wagen zerbrechen oder eines der Pferde möge, in dichter Wolke zurückgehalten,
straucheln! Böse Neiderin, wohin eilst du? Daß dein Sohn eine
schwarze Haut hatte, nun – das war die Farbe des Innern der Mutter.
[Was, wenn Aurora niemals in Liebe zu Cephalus entbrannt wäre?
Oder glaubt sie etwa, ihre Liederlichkeit bliebe verborgen?][35]
Tithonus, wünschte ich, sollte von dir erzählen dürfen –
keine Frau wäre dann im Himmel verrufener.
Um jenem zu entfliehen, weil er von überaus hohem Alter,
erhebst du dich früh von der Seite des Greises zu den verhaßten Rädern.

[35] Zur Tilgung der in den besonders wichtigen Handschriften (Parisinus lat. 8242, Berolinensis Hamiltonensis 471 und Sangallensis 864) fehlenden Verse 33f. s. McKeown (1989) 355f.

Aber wenn du den Cephalus in deinen Armen umfangen hieltest,
würdest du rufen: »Geht langsam, ihr Rosse der Nacht!«
Warum soll ich Liebender es büßen, wenn dein Mann durch den Lauf der Jahre dahinwelkt?
Hast du auf mein Anstiften hin den Greis geheiratet?
Schau, wie oft Luna ihrem geliebten Jüngling Schlaf geschenkt hat,
und seine Schönheit war nicht geringer als die deine.
Selbst der Vater der Götter hat, damit er dich nicht so oft sähe,
zwei Nächte zu seinen Wünschen zusammengefügt.
Beendet hatte ich das Schelten; man konnte meinen, sie habe es gehört –
sie errötete.
Doch nicht später als sonst begann der Tag.

Als ganze repräsentiert die Elegie den Typus des sogenannten mimetischen Gedichts[36]: Während der Gedanke von Vers zu Vers voranschreitet, verändert sich der Fiktion nach die äußere Situation, auf die das Sprechen bezogen ist. So befindet man sich zu Anfang der Elegie in der Phase der ersten Morgendämmerung: »iam super oceanum uenit ...« (Aurora). Das Wort »Tag« (dies), worauf das Ganze zielt, erscheint charakteristischerweise ganz am Schluß des ersten Pentameters. Mit dem Ende des Gedichts ist der Tag dann da: »orta dies« (48); wiederum bildet, in Entsprechung zu Vers 2, das Wort »dies« den Schluß des Pentameters.

Dazwischengeschaltet ist die an Aurora gerichtete Scheltrede *(iurgia)*, mit der der Sprechende Einfluß auf den Gang der Dinge zu nehmen sucht, freilich ohne Erfolg (»nec tamen assueto tardius orta dies«). In diesem Passus wird Aurora überall angeredet oder ist doch zumindest gegenwärtig – die einzige Ausnahme würde das Distichon 33f. bilden, das viele Philologen zu Recht athetieren. In diesem einen Distichon wird ja über Aurora gesprochen.

Die Scheltrede selbst beginnt in V. 3 mit der Frage an

[36] Zur Typologie des »mimetischen Gedichts« s. die Monographie Alberts; am. 1,13 ist dort vor allem 228 und 235f. behandelt.

Aurora: »quo properas ...?« Die Frage kehrt noch zweimal wieder (in 9 und in 31); solche Wiederholung hat gliedernde Funktion. Dabei ist zu beobachten, wie sich die Vorwürfe gegen Aurora allmählich steigern. In V. 3 schließen sich erst eine Bitte (»mane«) und dann eine Beschwörung an (»sic ... parentet auis«), die dem Sinne nach durch einen »si«-Satz zu ergänzen ist (»wenn du bleibst, ...«). Bei der ersten Wiederholung der Frage, in V. 9, folgt ebenfalls wieder eine Bitte in der Imperativform (»supprime«, 10). Aber zwischen der Frage und dem Imperativ steht im Vokativ eine schmähende Charakterisierung Auroras: »ingrata uiris, ingrata puellis«. Bei der zweiten Wiederaufnahme der Frage schließlich, in V. 33, ist eine Verwünschung der Aurora vorangestellt: »inuida«, und eine besonders bösartige Schmähung schließt sich an: »Kein Wunder, daß dein Sohn von schwarzer Farbe war – wie sollte es bei deinem schwarzen Innern auch anders sein?« Mit den »quo-properas«-Fragen also sind Zäsuren verbunden, ein Ansetzen zu jeweils größerer Heftigkeit.

Doch betrachten wir die Abfolge ein wenig näher! Die Verse 5–9, durch die Anapher von »nunc« (5; 7) zusammengeschlossen, gelten noch der Zeit der Nacht, vor Tagesanbruch: die Liebenden sind vereint; vorerst lassen sich nur die Vögel vernehmen. Die nun schon heftigere Anrede Auroras in V. 9 bezieht sich zunächst einmal darauf, daß das Glück der Liebe mit Tagesbeginn endet: Der Morgen ist Männern wie Frauen gleich unwillkommen – »ingrata uiris, ingrata puellis«. Es ist dies ein »polarer« Ausdruck: Die Dyade »uiri-puellae« steht für »alle Menschen«. Im Anschluß daran wird vorgeführt, wie der Tag für die Männer (11–22), dann, wie er für die Frauen unerfreulich ist. Auf diese Weise kommen verschiedene Lebensbereiche in den Blick: zunächst der des Seemanns, der bei Tagesanbruch die Sterne als Orientierungshilfe verliert; der Wanderer darf seiner Müdigkeit nicht nachgeben, der Krieger beginnt neue blutige Kämpfe, die Bauern müssen sich wiederum plagen. Dann nimmt der Ton an Heftigkeit zu, wird das Schlimme jeweils in einem Finalsatz als Ziel herausgehoben: Die Knaben müssen zur Schule, um sich dort bestrafen zu lassen (17f.); Erwachsene haben den Praetor aufzusuchen, um sich dort durch eine Bürgschaft ins Unglück zu stürzen; Anwälten und Rednern bringt der Tag neue Prozesse (dabei entspricht »cogitur« 22 den »ut«-Sätzen in 18 und 20). So wird alles als ganz schrecklich geschildert – im Vergleich zu dem Glück der Nacht, der nächtlichen Liebe ist der Tag für alle Männer erfüllt von Unheil, Grausamkeit, Streit; nur diese Seite des Alltags rückt der Sprechende in den Blick.

Im Abschnitt über die Frauen kommt dann, nachdem so viel von den Berufen der Männer die Rede war, zunächst ebenfalls diese Seite zur Geltung (23f.), danach erst, mit V. 25, geht der Sprechende zur Liebe über. Seine Klage greift gar in den Bereich des Kosmos: Könne die Weltordnung denn nicht einmal einen anderen Lauf nehmen? Zum Ausdruck leidenschaftlichen Affekts werden die Worte »optaui quotiens« wiederholt, das Pathos ist freilich durch den Inhalt des Wunsches ironisch gedämpft: daß die Achse von Auroras Wagen einmal brechen, eines der Pferde in einer Wolke straucheln sollte!

Schon mehrfach ließ sich beobachten, wie in dieser Elegie Beschreibung des Naturvorgangs (heraufziehende Morgendämmerung) und Mythisches nebeneinandertreten. Am Anfang (1–4) geht es allein um die Göttin, die Gemahlin des Tithonus, die Mutter Memnons, im folgenden (von V. 5 an) um die Naturerscheinung[37].

Zu Beginn des letzten Teils der Scheltrede wird Aurora als »inuida« bezeichnet, als neidisch auf die Ruhe und das Glück der Liebenden. Doch was löst diese Mißgunst aus? Daß sie an den greisen Tithonus gebunden ist, dessen Gesellschaft sie belastet. Das grotesk Anmutende dieser Beziehung ist, wie es scheint, vor Ovid nicht herausgehoben worden – Properz hätte sonst an Aurora nicht als exemplarisch preisen können, daß sie ihrem dahinwelkenden Gemahl über alles Ungemach hinweg treu blieb. Gerade die groteske Seite aber reizt Ovid; mehrfach kommt er darauf zurück (1; 35–38; 41f.): Ja, hätte Aurora statt des Tithonus ihren Liebling Cephalus im Arm, dann wäre ihr selbst daran gelegen, die Nacht zu verlängern, so wie Luna, wie Jupiter dafür sorgten, die Zeit des Liebesglücks auszudehnen.

Im Schlußdistichon des Ganzen (47f.) sind wiederum die beiden Aspekte von Aurora, die Göttin und die Naturerscheinung, verbunden: »rubebat (scil. Aurora)«, heißt es am

[37] Dazu s. Fränkel 12f.

Ende von V. 47: sie errötete vor Scham – und der Himmel färbte sich durch die Morgenröte. So handelt der Hexameter (47) von der Göttin, die durch die Scheltrede getroffen ist, der Pentameter (48) von dem nach ewigem, durch nichts beeinflußbaren Gesetz heraufziehenden Tag[38]. Es verhält sich hier ganz ähnlich wie bei am. 3,1, wo Elegia einerseits als Personifikation dieser Dichtungsart erscheint, andererseits als das elegische Gedicht, das man an die Tür anheften, ja, das man zerreißen kann.

So hat sich ergeben: In der Elegie 1,13 wird der Bereich der Liebenden, die Schönheit der Nacht, der Welt der anderen, dem Hasten und auch der Grausamkeit des Tags, gegenübergestellt. Das Gedicht bezieht sein Leben aus dem spannungsreichen Nebeneinander der beiden Aspekte Auroras, vor allem aus der verspielten, wohl erst durch Ovid begründeten Auffassung der Liebe von Aurora und Tithonus. Es ist eine der Elegien des Dichters, die besonders stark weitergewirkt haben[39]. Die *alba* der altprovenzalischen Troubadours im 12. und 13. Jahrhundert hat eine ihrer Wurzeln in dieser Elegie, ebenso das *tageliet* (Tagelied) des mittelhochdeutschen Minnesangs, das vom Abschied der Liebenden am Morgen handelt. Nicht nur über zahlreiche Zwischenglieder, sondern unmittelbar scheint Ovids Gedicht etwa durch Heinrich von Morungen (ca. 1150–1222) rezipiert worden zu sein. Aus späterer Zeit ist vor allem John Donne (1572–1631) zu nennen, Repräsentant der *metaphysical poetry*, mit seinem Gedicht »The Sunne Rising«[40].

So viel zu einzelnen Gedichten der Sammlung ›Amores‹.

Das Gesamtgepräge dieser Kollektion ist, vergleicht man sie mit denen von Properz und Tibull, weniger einheitlich, hat etwas Schillerndes, Changierendes. Es finden sich ernste Gedichte darin wie das ›Epikedeion‹ auf Tibull oder auch wie das vorhin betrachtete 3,11. Doch solcher Ernst bleibt eher am Rande; beherrschend ist etwas anderes, das sich freilich terminologisch nur schwer fassen läßt. Ovid selber hat den Begriff eingeführt, den die moderne Forschung zu

[38] Fränkel 15f.

[39] S. dazu Ulrich Müller.

[40] Donnes Gedicht ist z.B. bei Barsby (1973) 172f. abgedruckt; zur Interpretation s. vor allem Gransden.

Recht aufgenommen hat: Im ersten Vers seiner poetischen Autobiographie (trist. 4,10,1) bezeichnet sich Ovid als »tenerorum lusor amorum«, als spielenden Dichter von Liebeselegien (ebenso trist. 3,3,73)[41]. Die Frage ist bloß, welche Bedeutung Ovid mit dem Begriff »Spiel« in Anwendung auf sein eigenes Tun verbunden hat. Gelegentlich hat man es in pejorativem Sinne verstanden, als kindliche (oder gar kindische) Tändelei ohne Sinn und Ziel. Damit würde man Ovid sicherlich nicht gerecht. Ovids Spielen ist im Gegenteil eine durchaus schöpferische Tätigkeit, es handelt sich dabei, wie es Joachim Latacz bei anderer Gelegenheit glücklich formuliert hat[42], um ein heiteres, übermütiges, aber doch sinnerfülltes Spiel – Spiel vor allem mit der literarischen Tradition, mit dem griechischen Liebesepigramm und mit der Liebesdichtung von Catull, Properz und Tibull. Das Verhältnis zu dieser Tradition ist dabei weniger durch Parodie oder gar durch Travestie geprägt als durch eine breite Skala ironischer Töne. An am. 2,18 war es deutlich geworden: Ovid beginnt dort mit Properzens Kontrastierung von Lieben und Dichten, von Epik und Elegie, entwickelt dann aber, in ironischem Sichabstoßen vom Vorbild, etwas ganz Eigenes: das Bild eines zu jedweder dichterischen Aufgabe Befähigten, den das Mädchen von der Arbeit abhält. Ähnliches hatte sich an dem Gedichtpaar 2,7 und 2,8 beobachten lassen: Zunächst, in 2,7, entwirft Ovid mit einem ganz und gar an Properz geschulten Pathos die Situation eines Mannes, der von der Geliebten zu Unrecht der Untreue geziehen wird, dann, in 2,8, zerstört er dieses Bild durch das Eingeständnis, die Geliebte mit deren Sklavin betrogen zu haben, und geht gar noch dazu über, die Sklavin zu einem weiteren Rendezvous zu drängen. So erweist sich aus der Rückschau das in 2,7 Dargestellte als vorgetäuscht.

Wie bereits diese Elegien 2,18 und 2,7/2,8 erkennen lassen, korrespondiert dem Spiel mit der literarischen Tradition eine Erweiterung der Phänomenologie des Erotischen: Es geht jetzt zwar auch noch um »seruitium amoris«, aber eben nicht allein, vielmehr haben in den Liebesverhältnissen auch

[41] Zum Begriff des Spielerischen *(playfulness)* s. Solodow (1977) 106–110; Latacz (1979/I und II).

[42] Latacz (1979/I) 46; Latacz (1979/II) 155.

Nonchalance, Charme, Verführung und anderes Platz. Gerne stellt sich der Sprechende als einen Mann dar, der nur zu leicht den erotischen Reizen der Frau erliegt. Mit solcher Veränderung hängt es zusammen, daß der Wortschatz dieser Elegien, wie Daniel Donnet gezeigt hat[43], sehr viel weniger Ausdrücke des Emotionalen enthält als der des Properz und Tibull.

[43] Donnet 276.

In am. 3,1 hatte sich der Dichter als jemanden vorgestellt, der die Liebesdichtung aufgeben möchte, aber noch nicht ganz von ihr loskommt. Was ihn reizt, ist die Tragödie, die im Unterschied zur erotischen Elegie größte Anstrengung erfordere (3,1,68) und die »facta uirorum« (25) zum Gegenstand habe. Es sei ihm die Aufgabe gestellt, der Gattung der Tragödie zu neuem Ruhm zu verhelfen (29f.). Das sind hochgreifende Ankündigungen. Von diesem Gedicht her könnte man den Eindruck gewinnen, als habe Ovid geplant, auf die Phase der Liebesdichtung eine längere Phase tragischen Dichtens folgen zu lassen.

Tatsächlich hat sich Ovid der Tragödie zugewandt. Die Erwartungen, die er in am. 3,1 weckt, werden allerdings nicht erfüllt. Es ist bei einer Tragödie geblieben, und dies Werk war nicht »den Taten von Männern« (facta uirorum) gewidmet, sondern dem Los einer Heroine, das Ovid mehrfach gestaltet hat: der Medea[1].

Die Abfassungszeit des Stücks steht nicht fest. Einigermaßen sicher ist nur, daß es vor den ›Heroides‹ entstand; diese Annahme legt sich jedenfalls von am. 2,18 her nahe, jener Elegie, die erst der zweiten, späten Auflage angehört[2].

Erhalten haben sich von der ›Medea‹ nur zwei[3] ganz kurze Fragmente. Sie teilt damit das Schicksal der gesamten römischen Tragödiendichtung vor Seneca, die ja nur in dürftigen Resten auf uns gekommen ist.

Das eine der beiden Fragmente verdanken wir dem älteren Seneca; es handelt sich um einen anapästischen Dimeter, den er suas. 3,7 anführt:

feror huc illuc, uae, plena deo

[1] Literatur zu Ovids Tragödie ›Medea‹: Fränkel 50f.; Nikolaidis; Mack 20f.

[2] Zu am. 2,18 s. Kap. II.

[3] Ein drittes Fragment meint Faider aus Seneca, De ira 1,1,4 gewinnen zu können (magnasque ira minas agens); mit Recht schreibt zu diesem Versuch Nikolaidis 383, Anm. 1: »the evidence is not sufficient«.

weh, fortgerissen werde ich hierhin, dorthin, von der Gottheit erfüllt.

Der Sprecher muß eine Frau sein, und zwar Medea selbst; sie beschreibt hier ihre innere Unruhe, ihr Hin- und Hergerissensein, in leidenschaftlichem Ton.

Seneca teilt bei Gelegenheit des Zitats mit, Ovid habe sich bei der Formulierung an Vergil angelehnt. Diese Angabe läßt sich nicht verifizieren – die tradierten Dichtungen Vergils enthalten keine einigermaßen vergleichbare Prägung, die man als Vorbild Ovids ansehen könnte. Senecas Notiz ist freilich noch aus einem anderen Grunde bedeutsam: durch die Mitteilung, Ovids Lehrer Gallio habe festgestellt, daß sein Schüler hier verfahren sei wie mit vielen anderen Versen Vergils; er habe sich ihrer bedient, nicht um sie heimlich zu plündern, sondern damit man die Übernahme erkennen könne: »fecisse illum (sc. Ouidium), quod in multis aliis uersibus Vergilii fecerat, non subripiendi causa, sed palam mutuandi, hoc animo ut uellet agnosci.« Für die Beurteilung sprachlicher Anklänge bei Ovid ist diese Aussage von grundsätzlicher Bedeutung: Nach dem Willen des Dichters sollen die Leser das Original und die Nachahmung gerade miteinander vergleichen.

Das andere Fragment findet sich bei Quintilian inst. orat. 8,5,6, wo es um pointierte Wendungen *(sententiae)* geht; in diesem Zusammenhang führt Quintilian Worte der Ovidischen ›Medea‹ an, einen jambischen Trimeter:

seruare potui: perdere an possim, rogas?

retten konnte ich (ihn); ob ich ihn verderben könnte, fragst du?

Wiederum eine leidenschaftliche Formulierung: das asyndetische Nebeneinander zweier Sätze und die starke Heraushebung der gegensätzlichen Begriffe »seruare« und »perdere« verleihen ihr besondere Kraft.

Der Zusammenhang, in dem Medea diese Worte spricht, läßt sich leicht rekonstruieren. Medea hat einst in Kolchis dem Fremden Jason geholfen, die vom König gestellte Aufgabe zu lösen, das Pflügen mit feuerschnaubenden Tieren und das Säen von Drachenzähnen; dank dieser Unterstützung konnte Jason das Goldene Vlies gewinnen. So hat sie ihn also »gerettet« – und sollte jetzt nicht in der Lage sein, ihn auch zu verderben? Dieser Sinn liegt an sich schon nahe; gesichert wird er durch eine Parallele in einer anderen Ovidischen Medea-Dichtung, nämlich in her. 12. In diesem Brief blickt Medea – unter anderem – auf die Zeit zurück, als Jason nach Kolchis kam und sie von Liebe zu ihm ergriffen wurde. Damals, in Kolchis, habe Jason sie um Beistand angefleht mit folgenden Worten (her. 12,73–76):

> ius tibi et arbitrium nostrae fortuna salutis
> tradidit inque tua est uitaque morsque manu.
> perdere posse sat est, siquem iuuat ipsa potestas;
> sed tibi seruatus gloria maior ero . . .

> Das Schicksal hat dir [Medea] Verfügung und Macht über mein Heil gegeben, und in deiner Hand liegen mein Leben und mein Tod. Verderben zu können, ist genug – wenn jemanden der Machtbesitz selbst freut. Doch von dir gerettet, werde ich für dich ein größerer Ruhmestitel sein.

Zwar sind die Sprecher verschieden – im einen Fall ist es Medea, im andern der zitierte Jason –, aber die Situation, auf die die Antithese von »perdere« und »seruare« bezogen wird, muß dieselbe sein.

Daß er mit seiner Tragödie ›Medea‹ eine große Leistung vollbracht habe, davon war Ovid überzeugt; seinem Stolz gibt er in am. 2,18 Ausdruck. Das auf Ovid folgende Jahrhundert hat genauso geurteilt; bezeugt wird dies durch eine Notiz bei Quintilian (inst. orat. 10,1,98) und vor allem bei Tacitus (Dialogus 12,6).

Innerhalb der dichterischen Entwicklung Ovids stellt die Tragödie ein wichtiges Bindeglied zwischen seinem Jugendwerk ›Amores‹ und den ›Heroides‹ dar. Für einen großen Teil der ›Amores‹ war ja kennzeichnend, daß sie zwar vorgeben, eigene Erfahrungen des Sprechenden in der Liebe zu gestalten, daß bei der Darstellung aber vor allem Motive der literarischen Tradition aufgenommen, neu zusammengefügt, oft spielerisch umgewandelt wurden. So wurde dort die

Form der »subjektiven« Liebeselegie, wie sie bei Properz und Tibull begegnet[4], gewahrt, zugleich aber ließ sich ein Zug zur Systematisierung erkennen: in der Gestalt der »subjektiven Liebeselegie« gab Ovid eine Phänomenologie allgemeiner Liebeserfahrungen – er bestand ja darauf, daß sich jeder Liebende in seinen Elegien wiederfinden, wiedererkennen sollte[5]. Dies verweist auf eine Tendenz zur »Objektivierung«. Und von dieser Tendenz aus ist es dann kein allzu großer Schritt mehr, daß der Dichter bei erotischer Poesie nicht im eigenen Namen spricht, nicht sich selbst als den von der Liebe Getroffenen und daran Leidenden darstellt, sondern fremde Situationen zugrundelegt. Dies ist, soweit man überhaupt von den Fragmenten her urteilen kann, in der Tragödie ›Medea‹ insofern geschehen, als hier eine große Frauengestalt des Mythos mit ihren Liebeserfahrungen im Zentrum steht. Etwas Ähnliches gilt für die Dichtung, die auf die Tragödie folgte, die ›Heroides‹.

[4] Zur »subjektiven Liebeselegie« s. Kap. I, Anm. 2.
[5] Dazu s. Kap. II, Anm. 18.

1. Allgemeines

Welches der genaue Titel des Werks war, das man heute als ›Heroides‹ zu bezeichnen pflegt[1], läßt sich nicht mehr mit Sicherheit ermitteln: vielleicht ›epistulae heroidum‹, vielleicht auch einfach ›epistulae‹. Es handelt sich also um Briefe großer Frauengestalten des Mythos. Das Besondere dabei ist, daß der Dichter in diesem Werk völlig zurücktritt; als »Autoren«, als Sprechende erscheinen ausschließlich die Heroinen selber[2], der Dichter meldet sich weder in einem Vorspann oder in einem ergänzenden Abschnitt noch sonstwo zu Wort. Es liegt demnach der Typus des Rollengedichts vor[3]. Für die Gestaltung des Mythos hat dies eine wichtige Konsequenz: Jetzt ist alles von der Frau her gesehen, alles aus ihrer Sicht gesprochen[4]; es fehlt das kommentierende Wort des Dichters, und es fehlt die ausdrückliche Markierung seiner Perspektive (natürlich fehlt nicht seine Perspektive). So leicht sich dies feststellen läßt, so schwer ist es, wie sich rasch zeigen wird, den Ort der ›Heroides‹ in der literarhistorischen Entwicklung und den Platz in der Skala der literarischen Gattungen genau zu bestimmen[5].

Die Sammlung umfaßt heute 21 Stücke. Davon schließen

[1] Literatur zu den ›Heroides‹ insgesamt: Fränkel 38–49; Oppel; Fischer; Frécaut (1972) 193–215; Anderson (1973) 49–83; Reeve (Textkritisches); Jacobson (1974; grundlegende Monographie zu her. 1–15); Seeck; Sabot (1976), besonders 296–348; Barsby (1978) 13–18; Sabot (1981); Verducci (v.a. zu her. 3; 6; 10; 11; 12; 15); Steinmetz; Mack 69–83; Maurer (des Titels ungeachtet beschäftigt sich der weitaus größte Teil dieser Monographie mit den ›Heroides‹ allgemein); Rosati (1990; Textkritisches); Hall (1990; Textkritisches). – Kommentar: Palmer (1898; Nachdruck 1967); knapp kommentierte Ausgabe: Rosati (1989). Zitiert werden die Heroides im folgenden zumeist nach Showerman-Goold (1977).

[2] Anders als der Sprechende in den ›Amores‹ verstehen sich die Heroinen nicht als Dichterinnen; s. dazu Maurer 136; 146f.

[3] Zu diesem Dichtungstypus s. Schweikle.

[4] Dazu s. insbesondere Jacobson (1974) 349–362.

[5] Die wichtigste Literatur zum Problem der Gattungszugehörigkeit: Fränkel 38–49: die ›Heroides‹ stellten »lyrische Monodramen« dar; Oppel; Jacobson (1974) 319–348; Steinmetz: »Monodramen«; Maurer 14–148: für die ›Heroides‹ sei die Kreuzung verschiedener Gattungen konstitutiv, v.a. von Brief, Suasorie,

sich die ersten vierzehn klar zu einer Gruppe zusammen: Es handelt sich um Einzelbriefe mythischer Frauengestalten. Da schreibt also beispielsweise Penelope an ihren Gemahl Ulixes oder Phaedra an ihren Stiefsohn Hippolytus oder Dido an Aeneas. Alle diese Briefe werden vor der uns erhaltenen zweiten Ausgabe der ›Amores‹ entstanden sein, etwa in den Jahren 10 bis 3 v. Chr. (mehr als eine Hypothese ist das nicht). Eine Sonderstellung, auch der Überlieferung nach, nimmt Nr. 15 ein: ein Brief der Dichterin Sappho an ihren Geliebten Phaon; es ist das einzige Mal, daß in dieser Sammlung eine historische Gestalt als Schreiberin erscheint[6]. Seit langem wird gestritten, ob dieser Brief von Ovid verfaßt ist, oder ob es sich um eine nachovidische Fälschung handelt. Zu der Sammlung gehören ferner drei Briefpaare (oft als »Doppelbriefe« bezeichnet[7]): Da antworten jeweils drei Frauen auf Briefe von Männern; es liegt also eine ganz andere Situation zugrunde. Falls diese Briefpaare überhaupt von Ovid stammen – auch dies wird gelegentlich bezweifelt[8] –, gehören sie wohl einer späteren Schaffensphase an, und zwar den Jahren bald nach Christi Geburt. Alle diese schwierigen Fragen mögen jetzt auf sich beruhen – wir halten uns, was aus vielerlei Gründen sinnvoll ist, an die unstreitig echten Briefe 1–14; auch hier gibt es Probleme genug, schon was die Textkonstitution betrifft; insbesondere ist bei manchen Gedichteingängen nicht sicher, ob sie von Ovid oder von Späteren stammen[9].

Wie man von Ovid selber (am. 2,18) erfährt, haben die Einzelbriefe der ›Heroides‹ sehr bald einen Freund Ovids zu eigenem Dichten angeregt: Es ist dies ein Sabinus, der zumindest auf einige dieser Briefe Antworten verfaßt hat. Sie sind nicht erhalten. Was wir jedoch noch besitzen, sind im 15. Jahrhundert entstandene Antwortbriefe: von Ulixes an

Ethopoiie, Monolog und Elegie; das größte Gewicht habe die monologische Komponente.

[6] Zu her. 15 s. Jacobson (1974) 277–299; Dörrie (1975); Sabot (1981) 2562–2571; Verducci 123–179.

[7] Literatur zu den »Briefpaaren« (her. 16–21): Kraus (1950); Latta; Fischer (zu her. 16; 17; 20; 21); Kenney (1979; v.a. zu her. 16, 39–144 und 21, 145–248); Sabot (1981) 2573f., 2610–2619.

[8] Zum Problem der Authentizität aus neuerer Zeit Courtney; Tracy (1970); Kenney (1979) 396f.; Sabot (1981) 2557–2562.

[9] Zum Problem der Briefeingänge s. insbesondere Kirfel.

Penelope, von Demophoon an Phyllis und von Paris an Oenone. Autor ist der Humanist Angelus Quirinus Sabinus (Angelus de Curibus Sabinis), der sich intensiv in die Ovidische Dichtung eingelebt hat; nach seinem eigenen Bekunden ist der Anstoß zu diesen Dichtungen von der Namensgleichheit ausgegangen[10].

In welche Gattungstradition stellt sich Ovid nun mit seinen Heroinenbriefen? Wie es scheint, hat es in der griechischen Dichtung nichts wirklich Vergleichbares gegeben. Anders liegt der Fall hingegen bei der römischen Poesie: Hier besteht ein sehr enger Bezug zu der Elegie 4,3 des Properz[11]; Ovids ›Heroides‹ berühren sich mit diesem Gedicht in Motiven und Formulierungen. Wie im Falle Ovids handelt es sich bei Properzens Elegie 4,3 um ein Rollengedicht: Eine offenbar in Rom lebende Frau, Arethusa, schreibt an ihren in der Ferne im Kriege weilenden Mann, an Lycotas, einen Brief, ohne daß der Dichter kommentierend hervorträte. Properz hat den beiden Eheleuten griechische Namen gegeben; ob sich hinter diesen Namen historische Personen verbergen, bleibt ungewiß. Wenn keine Identifizierung möglich ist, so liegt dies an Properzens dichterischer Eigenart: Die zeitgeschichtliche Realität hält er aus seinen Dichtungen weitgehend fern; so finden sich in 4,3 nur wenige Anspielungen auf das Zeitgeschehen, und diese Anspielungen bleiben höchst vage – alles ist auf die Darstellung von Emotionen abgestellt.

Viel beschäftigt hat die Forschung die Frage, ob Properz mit 4,3 der Gebende ist, Ovid also der Nehmende, oder ob es sich umgekehrt verhält. Falls die Datierung der ›Heroides‹ auf die Jahre zwischen 10 und 3 v. Chr. zutrifft (eine gewisse Unsicherheit bleibt ja), dann muß Properz der Frühere sein, weil das vierte Buch seiner Elegien allem Anschein nach bereits zwischen 16 und 13 v. Chr. entstanden ist. Es kommen freilich noch innere Gründe hinzu, die für die Priorität des Properz sprechen. Die Elegie 4,3 erweist sich ihrem Gesamtcharakter nach ebenso wie in vielen Einzelzügen als fest mit dem übrigen vierten Buch des Properz verbunden; die-

[10] Der Text der Briefe ist, mit irriger Zuschreibung an Aulus Sabinus, den Zeitgenossen Ovids, abgedruckt in: E. Raynaud (ed.), Poetae minores, Paris 1931, 10–31 (mit französischer Übersetzung); zur Person des Humanisten s. Dörrie (1968) 104–106.

[11] Zu Properz 4,3 s. vor allem Dee; Fedeli (1965) 119–135; Maurer 39–43.

ser Gesamtcharakter kann aber ebenso wenig wie die Einzelzüge durch Ovid angeregt worden sein; so macht es die enge Verbindung der Elegie zum übrigen Buch wahrscheinlich, daß Properz hier selbständig ist[12].

Da man also diese Properz-Elegie als ein literarisches Vorbild der Ovidischen ›Heroides‹ zu betrachten hat, ist es sinnvoll, auf dieses Gedicht wenigstens einen Blick zu werfen. Die Form des Briefs ist für Properzens Elegie nicht durchgängig bestimmend; lediglich der Anfang verweist auf den Briefcharakter und dann wieder der Schluß. Im wesentlichen handelt es sich um eine sehnsüchtige Klage: Arethusa wünscht sich, an der Seite ihres Mannes auch im Krieg zu sein; da sie nichts von ihm hört und weiß, ist sie in Sorge, ihren Mann zu verlieren, entweder weil er durch den Krieg in allzu große Gefahren gerät oder weil er ihr in der Ferne untreu werden könnte.

Der Anfang der Elegie lautet:

> haec Arethusa suo mittit mandata Lycotae,
> cum totiens absis, si potes esse meus.

> Arethusa schickt diese Weisungen ihrem Lycotas – wenn du, da du so häufig fern bist, überhaupt der meine sein kannst.

Das Gedicht beginnt also in V. 1 ganz ruhig: Arethusa und Lycotas erscheinen in der dritten Person. Mit der Angabe des Absenders und des Empfängers wirkt dies auf den ersten Blick wie ein formeller Briefanfang – wäre da nicht das sehr betont gestellte Wort »suo«, und eben dieses Wort bestimmt den Fortgang des Gedankens. Bereits mit V. 2 geht die Schreiberin von der dritten Person zur Anrede über: »wenn du überhaupt mein sein kannst«, »du bist ja doch so oft fern von mir« – und dabei drängt sich der zweite Gedanke, des Mannes häufiges Fortsein, noch vor den ersten. Auf diese Weise erweckt der Pentameter den Eindruck großer Spontaneität.

Arethusa fährt fort (3f.):

[12] Die vorstehende Argumentation schließt sich an Becker 469f. an.

si qua tamen tibi lecturo pars oblita derit,
haec erit e lacrimis facta litura meis:

Wenn dir indes beim Lesen ein Teil fehlen wird, weil er verwischt ist, so wird diese verwischte Stelle von meinen Tränen herrühren.

Und dann, in V. 5f., verweist sie noch auf das Zittern ihrer Hände, das zu unleserlichen Buchstaben führen könne – all das ist Ausdruck ihres Schmerzes über die Trennung, Ausdruck ihrer Sorge, und im folgenden spielt dieses Besorgtsein dann die entscheidende Rolle. Sie weiß so wenig über seinen Verbleib, über sein Tun und sein Ergehen – dies Nichtwissen ängstigt sie.

Am Ende des Gedichts nennt sie die bereits in V. 1 angekündigten Weisungen *(mandata)*: Der Mann möge in der Ferne ihre Ehe rein erhalten. Auch dies ist, beschwörend vorgetragen, wiederum ein Indiz ihrer tiefen Besorgtheit und ihrer anhänglichen Liebe.

In dem Brief finden sich zwar Angaben über Kriegsschauplätze (Bactra), aber alles bleibt unbestimmt – es ist nicht möglich, das Datum, zu dem sich der Brief geschrieben gibt, aufgrund dieser Hinweise festzulegen. Das äußere Geschehen ist eben dem Aussprechen der Empfindungen untergeordnet – es war ja sehr bezeichnend, daß eine solch schlichte Wendung wie »suo ... Lycotae« ausreichte, zu Beginn eine ganze Kaskade pathoserfüllter Äußerungen auszulösen.

Bei Ovid nun finden sich zahlreiche Berührungen mit dieser Elegie des Properz über das ganze Corpus der Einzelbriefe verteilt, so daß die Übernahme nicht aufdringlich wirkt. Und doch hat Ovid, bei allem Anschluß an Properz, alles sehr anders akzentuiert. Gerade ein solches Unbestimmtlassen der Entstehungssituation des Briefs fehlt bei Ovid; bei ihm wird vielmehr der Zeitpunkt, zu dem die Heroine schreibt, durch Angaben im Brief selbst sehr genau fixiert. Handelt es sich bei Properz lediglich um die Zeit »irgendwann nach der Hochzeit«, so erfährt man bei Ovid stets Genaues: etwa im Falle der Ariadne (her. 10), daß der Brief von ihr auf der Insel Naxos geschrieben wird, und zwar am Morgen. Unmittelbar nach dem Erwachen mußte Ariadne feststellen, daß Theseus heimlich abgesegelt ist und sie entgegen seinem Versprechen allein auf der Insel zurückgelassen hat; zunächst sah sie sein Schiff sich immer weiter entfernen; nachdem es hinter dem Horizont verschwunden ist, setzt sie sich voller Verzweiflung nieder – um einen Brief zu schreiben, der den Adressaten nicht erreichen kann.

Ein weiterer Unterschied zu Properz besteht darin, daß die Emotion, die sich in den ›Heroides‹ ausdrückt, keineswegs so gradlinig, so einheitlich verläuft; die Amplitude der Empfindungen ist bei Ovid gegenüber Properz erheblich erweitert; vor allem zeigt sich bei Ovid ein starkes Hin und Her der Gefühle, ein gewaltiges Schwanken zwischen Liebe und Haß, Selbsterniedrigung und Spott. Das hängt letztlich gewiß damit zusammen, daß für Ovids Heroinen das Höchste auf dem Spiel steht: Sie sind nicht einfach nur besorgt und ängstlich wie die Properzische Arethusa, sondern sie befinden sich in dem Augenblick, da sie schreiben, in einer existentiellen Krise; Ariadne zum Beispiel ist nicht bloß damit konfrontiert, daß sie allein auf einer unwirtlichen Insel zurückgeblieben ist, sondern vor allem damit, daß Theseus, dem sie so sehr geholfen hatte, sie im Stich gelassen, ihre Liebe aufs tiefste enttäuscht hat.

So ist deutlich, wie viel Ovid gegenüber Properz verändert hat, aber auch, wie sehr er sich von ihm hat anregen lassen. Eben hier ergibt sich nun ein Problem aufgrund einer Äußerung Ovids zu den ›Heroides‹; sie findet sich im dritten Buch der ›Ars amatoria‹[13]. Der Zusammenhang ist folgender: Ein Mädchen, das auf Liebe hofft, solle gebildet sein, d.h. es solle die Dichter kennen. Und nachdem Ovid mehrere berühmte Namen genannt hat (Properz, Tibull u.a.), kommt er auch auf sich selbst zu sprechen. Vielleicht werde ja jemand sagen, man solle auch Ovids Dichtungen lesen; über die zuletzt angeführten ›Heroides‹ (die einfach mit dem Wort »epistula« bezeichnet werden) heißt es dann (als Aussage jenes »aliquis«, 346):

> ignotum hoc aliis ille nouauit opus;

> jener (Ovid) hat dies Werk, das anderen unbekannt war, neu geschaffen.

[13] Zu dem einschlägigen Passus (3,345f.) s. etwa Sabot (1981) 2574–2577.

Wie läßt sich der Anspruch, der hier von Ovid erhoben wird (»nouauit opus«), mit der Priorität des Properz vereinen? Wie kann sich Ovid als »Schöpfer« bezeichnen, wenn er in Properz einen wichtigen Vorgänger hatte? Nun könnte man darauf hinweisen, daß »nouare« ja nicht nur »neu schaffen« heißt, sondern auch »erneuern, ein neues Gesicht geben«. Doch so elegant diese Lösung auf den ersten Blick scheint – durch den Zusatz »ignotum aliis« wird sie ausgeschlossen. Denn was für einen Sinn hätte es zu sagen, jemand habe einer Gattung ein neues Gesicht gegeben, die niemand kannte? Es muß also dabei bleiben, daß Ovid hier für sich den Ruhm des Ersten in Anspruch nimmt. Und es darf dabei bleiben – sein Anspruch besteht völlig zu Recht: Indem er die Briefe in die Welt der Sage verlegte und das Ganze an allgemein bekannte mythische Gestalten anknüpfte, hat er in der Tat etwas ganz Neues geschaffen. Properzens Brief ist zwar mit den anderen Elegien seines vierten Buchs eng verbunden, steht aber seiner Form nach allein, bildet kein Glied in einer Reihe. Es handelt sich bei der Elegie 4,3 um eine zeitlich nicht fixierte Äußerung einer liebenden Frau, die sich nach ihrem Manne sehnt; man könnte sich nicht vorstellen, daß viele solcher Briefe nebeneinander treten. Sobald dagegen die Welt des Mythos ins Spiel kommt, liegt es nahe, nicht bei einer einzelnen Figur, einem einzelnen Schicksal stehenzubleiben. Damit, daß Ovid den Schritt tat, sich die Welt der Sage zunutze zu machen, konnte er eine ganze literarische Gattung begründen. Es war eine überaus erfolgreiche Konstituierung: Bis ins Barockzeitalter und vereinzelt noch darüber hinaus hat man, in der Nachfolge Ovids, heroische Briefe gedichtet[14].

Mit dem Übergang in den Mythos hat Ovid einen weiteren Schritt verbunden: Während sich Properzens Arethusa auf die augenblickliche Lebensphase und deren unmittelbare Vorgeschichte konzentriert, beziehen die Ovidischen Heroinen ihr ganzes bisheriges Leben in ihre Reflexion ein. Solches Ausgreifen ist auch deswegen naheliegend, weil ja für die Heroine ihre Existenz auf dem Spiel steht. In ganz anderer Weise, als dies bei Properz der Fall war, muß sie angesichts ihrer tiefen Krise über ihr bisheriges Leben nachden-

[14] Das reiche Material hat Dörrie (1968) erschlossen.

ken, es bilanzieren, muß versuchen, sich über sich selber klar zu werden.

Aus welchen mythischen und literarischen Bereichen hat Ovid die Themen für seine ›Heroides‹ gewonnen[15]?

Im wesentlichen sind es drei Sagenkreise, denen die Mythen zugehören: voran der trojanische (her. 1 Penelope an Ulixes, her. 3 Briseis an Achilles, her. 5 die Nymphe Oenone an Paris, her. 8 Hermione an Orest; her. 13 Laodamia an Protesilaos; auch her. 7 [Dido an Aeneas] läßt sich noch hierher rechnen); zweitens die Theseussage (her. 2 Phyllis an Demophoon, her. 4 Phaedra an Hippolytus, her. 10 Ariadne an Theseus) und schließlich die Argonautensage (her. 6 Hypsipyle an Jason, her. 12 Medea an Jason); die übrigen Heroides stammen aus noch anderen Sagenkreisen.

Die literarischen Hauptquellen sind das griechische Epos (Homer, Apollonios Rhodios) und die griechische Tragödie, beide in gleichem Maße. Hinzu kommen aus römischer Literatur vor allem Catull mit c. 64 und 68 und Vergils ›Aeneis‹.

Auf den ersten Blick scheint das Material, seiner Herkunft nach, heterogen. Dadurch aber, daß die schon einmal oder mehrfach gestaltete Situation jetzt ausschließlich aus dem Blickpunkt der Heroine betrachtet und der ganze Mythos jeweils von einem genau fixierten Zeitpunkt her erfaßt wird, erhalten die ›Heroides‹ von vornherein viel Gemeinsames, das die Verschiedenartigkeit der Vorlagen zurücktreten läßt. Der Überblick über Ovids literarische Vorlagen zeigt aber auch, daß es sich keineswegs um entlegene Sagen handelt, sondern um solche, die in Ovids Zeit zumeist gut bekannt gewesen sind. Durch den Rückgriff auf solchermaßen Vertrautes sichert sich Ovid für seine Heroinenbriefe einen beträchtlichen Vorteil: Er durfte damit rechnen, daß das zeitgenössische Publikum die Grundzüge der jeweiligen Sage gegenwärtig hatte, vieles aus eigener Kenntnis zu ergänzen imstande war – und nun auskostete, welche neue Seite dem alten Stoff da abgewonnen wurde. Die Kenntnis der älteren literarischen Gestaltungen wird von Ovid also erwartet, der Leser soll sie als Folie bei der Lektüre gegenwärtig halten.

Daß ein Autor von einer bestimmten mythischen Situa-

[15] Eine ausführliche Untersuchung der Vorlagen findet sich bei Jacobson (1974) jeweils zu Beginn der Interpretation der Einzelbriefe.

tion ausgeht, die seinen Hörern oder Lesern bekannt ist, das erinnert an die Aufgabe der Suasorie, wie man sie in der Rhetorenschule zu bewältigen hatte. So scheint die Annahme nahezuliegen, daß Ovids ›Heroides‹ mit dieser Übung in engem Zusammenhang stehen. In der Tat hat man bis in jüngere Zeit geurteilt, Ovids Briefe seien im Wesen nichts anderes als versifizierte Suasorien[16]. Zur Stützung dieser These verwies man gerne darauf, daß Ovid ja, wie der ältere Seneca ausdrücklich bezeugt, auf der Rhetorenschule eine entschiedene Vorliebe für die Suasorie (gegenüber der Controversie) gezeigt habe; und ferner darauf, daß das *suadere* in der Form des Briefs zu den Übungen der Rhetorenschule gehörte.

Was ist von dieser These zu halten? Daß Ovids ›Heroides‹ durch die Praxis der Suasorie beeinflußt sind, wird niemand bestreiten. Die Frage ist bloß, wie tief dieser Einfluß reicht, ob er das Wesentliche erklärt. Dies muß man mit Nachdruck verneinen, denn die Unterschiede sind fundamental[17]. Die Suasorie setzt voraus, daß der Adressat sich über die Bewältigung seiner Situation nicht klar ist, daß er innerlich schwankt und deswegen des Rats bedarf; ihrem Wesen nach ist die Suasorie ganz auf die Zukunft gerichtet. Die Adressaten von Ovids ›Heroides‹ hingegen befinden sich keineswegs in einer solchen Situation: Sie haben ihre Entscheidung längst getroffen – gerade daß sie sie vollzogen haben, ist es ja, was die Heroinen in ihre tiefe Krise stürzt (Theseus ist eben abgesegelt, ohne Ariadne mitzunehmen). Nun wollen ja die Heroinen ihre Lage ändern, und insofern denken sie an die Zukunft; zunächst aber müssen sie eine Erklärung finden, wie es überhaupt zu ihrer prekären Lage kommen konnte – also in die Vergangenheit blicken. Hinzu kommt dies: Bei der Suasorie hat der Ratende keine besondere Beziehung zum Adressaten (der Rhetorenschüler und Alexander der Große gehören ganz verschiedenen Welten an). Dies ist der Grund, warum der Rhetorenschüler von seiner Person absieht, sich ganz am Adressaten orientiert. Für die Heroinen hingegen ist es gerade wichtig, daß sie ihre innere Beteiligung formulieren.

[16] Auseinandersetzungen mit dieser These führen etwa Sabot (1981) 2590–2610 und Maurer 49–58.

[17] S. auch Maurer 53–55.

Doch worin kann – angesichts solch tiefreichender Unterschiede – ein Einfluß der Suasorie auf die ›Heroides‹ überhaupt noch bestehen? Er beschränkt sich auf den Bereich der rhetorischen Strategie, d.h. auf die Technik des Argumentierens und die Kunst der Psychagogie.

Was den Charakter der ›Heroides‹ entscheidend prägt, ist die Form des Briefs – bezeichnenderweise reicht Ovid ja das eine Wort »epistula« aus, um in der ›Ars amatoria‹ das Werk ›Heroides‹ als ganzes zu bezeichnen (3,345). Und auch die Heroinen selbst nennen ihre Äußerungen Briefe. Ein Brief nun ist – nach einer in der Antike gängigen Anschauung – »die eine Hälfte eines Dialogs«[18]. Und das bedeutet, daß sich der Schreibende den Partner, den Adressaten seines Briefs, präsent denkt, daß er also nicht zu sich selbst, sondern zu einem anderen, dem geliebten Manne, spricht. Es bedeutet aber auch, daß die Briefschreiberin alle ihre Äußerungen auf die beabsichtigte Wirkung beim Adressaten hin konzipiert[19]; in manchen Interpretationen zu den ›Heroides‹ wird dies zu Unrecht ausgeblendet.

2. Einzelinterpretation

Im folgenden sei her. 3, der Brief der Briseis an Achilles, näher betrachtet[20]. Dieser Brief bietet sich schon deswegen an, weil hier die Dinge ein wenig einfacher liegen als bei manch anderem. Denn diese Heroide schließt sich – nach allem, was wir heute noch erkennen können – nur an eine einzige literarische Vorlage an, das erste Epos der Griechen, Homers ›Ilias‹.

Briseis, die Schreiberin, ist die Tochter eines Briseus. Homer rühmt an ihr die Schönheit der Wangen und des Haars;

[18] Die Formulierung stammt von dem Theoretiker Demetrios, dessen Datierung umstritten ist; s. dazu Maurer 28. Das einschlägige Zitat findet sich in: Rhetores Graeci, ed. L. Spengel, Band 3, Leipzig 1856, 310f.

[19] Zum »persuasiven Element« in den ›Heroides‹ s. auch Maurer 134–140.

[20] Interpretationen zu her. 3: Fränkel 46–49; Jacobson (1974) 12–42; Sabot (1976) 302–305: her. 3 stelle eine Suasorie dar; von Albrecht (1980) 40–48; Sabot (1981) 2593–2596; Verducci 87–121; Barchiesi 73–79; Mack 73–77. Die hier vorgelegte Interpretation verdankt sehr viel den Arbeiten Jacobsons und von Albrechts.

sie gleiche an Liebreiz der Göttin Aphrodite. Zu der Zeit, in der die Ilias-Handlung spielt (und sie ihren Brief schreibt), lebt sie als Sklavin im griechischen Heer, das Troja belagert.

Früher war ihr Schicksal mit der Stadt Lyrnessos in Mysien verknüpft. Allem Anschein nach war sie die Frau des Stadtkönigs (so behauptet es jedenfalls das Scholion zu Homer, das Ovid kannte), also Königin. Auf einem der Beutezüge, die er zur Versorgung des Griechenheers unternahm, gelangte Achill nach Lyrnessos. Er zerstörte die Stadt, tötete Briseis' Mann und ihre drei Brüder. Eben auf dieses Geschehen weist Briseis bei Ovid ausdrücklich hin (wobei die Version des Scholiasten berücksichtigt zu sein scheint, 45–50):

diruta Marte tuo Lyrnesia moenia uidi
  (et fueram patriae pars ego magna meae);
uidi consortes pariter generisque necisque
  tres cecidisse (tribus, quae mea mater erat);
uidi, quantus erat, fusum tellure cruenta
  pectora iactantem sanguinolenta uirum.

Daß die Mauern von Lyrnessos durch deinen Kampf zerstört wurden, mußte ich mit ansehen
(und ich war ein bedeutender Teil meines Vaterlands gewesen).
Mit ansehen mußte ich, wie drei in Geschlecht und Tod Verbundene auf gleiche Weise fielen (die drei hatten dieselbe Mutter wie ich);
mit ansehen mußte ich, wie mein Mann, der vollen Länge nach auf den blutigen Boden hingestreckt, die Brust im Blute wälzte.

Mehrfach klingen hier Homerische Formulierungen an[21].

Nach der Zerstörung ihrer Stadt wird Briseis als Sklavin vor Troja gebracht; Achill erhält sie als Ehrengabe zugesprochen.

Auch wenn ihre Person im Homerischen Epos ganz zurücktritt, steht sie in Zusammenhang mit dessen Hauptgeschehen, mit Achills Zorn. Die Vorgeschichte ist, soweit für Ovid wichtig, folgende: Der Oberfeldherr der Griechen,

[21] S. dazu Palmer 300f.

Agamemnon, weigert sich, seine Lieblingssklavin, die Tochter eines Apollon-Priesters, dem Vater – gegen Lösegeld – zurückzugeben. Der Priester fleht darauf zu Apoll, und der sendet den Griechen die Pest. In dieser Situation muß Agamemnon nachgeben; um sich für den Verlust seiner Lieblingssklavin schadlos zu halten, beschließt er, Achill dessen Sklavin Briseis wegzunehmen und zu sich in sein Zelt zu holen. Als er diese Absicht in einer Heeresversammlung kundtut, möchte Achill am liebsten gegen ihn losgehen, er hält sich aber, wenn auch mit Mühe, zurück, läßt es bei Schmähungen bewenden; er kündigt an, Briseis zwar an Agamemnon ausliefern, künftig aber nicht mehr am Kampf teilnehmen zu wollen. Nach der Versammlung schickt Agamemnon zwei Boten los, die Briseis holen sollen, Eurybates und Talthybios (bei Ovid in V. 9f. genannt). Die beiden gehorchen dem Auftrag nur sehr ungern; verlegen stehen sie erst in der Nähe von Achills Zelt, doch der ruft sie herbei und läßt ihnen dann Briseis übergeben.

Daß Achill, der größte Held, dem Kampf fernbleibt, hat für die Griechen schlimme Folgen; sie geraten in immer größere Not, schließlich steht der Trojaner Hektor am Rande ihres Lagers. In dieser gefährlichen Situation beraten die Griechen in einer Versammlung, auf welche Weise man Achill versöhnen und wieder zum Mitkämpfen gewinnen könne. In der großen Not erklärt sich Agamemnon zu allen Zugeständnissen bereit; er schwört, Briseis nie berührt zu haben, und will sie jetzt nicht nur dem Achill zurückgeben, sondern ihn darüber hinaus auch noch reich beschenken; ja, er stellt in Aussicht, daß Achill nach der Beendigung des Kriegs eine seiner Töchter heiraten dürfe. Es wird eine Gesandtschaft gebildet, die Achill umzustimmen versuchen soll; zu ihr gehören Odysseus als der beste Redner der Griechen und Phoinix, der greise Erzieher Achills. Die Gesandtschaft findet Achill vor, wie er in seinem Zelt zur Leier den »Ruhm der Männer« besingt. Durch Odysseus' Worte ist er freilich nicht zu bewegen, das Angebot Agamemnons lehnt er entschieden und schroff ab und verweist noch einmal darauf, daß Agamemnon ihm die Frau geraubt habe, die »das Herz erfreut«. Möge Agamemnon denn bei ihr liegen und sich ergötzen! (9,336). Und so lehnt er auch alles Übrige ab. Er ist nicht bereit, wieder in den Kampf zurückzukehren, sondern hat einen ganz anderen Entschluß gefaßt: Schon am nächsten Morgen will er von Troja absegeln.

Nachdem so der kluge, überaus geschickte Odysseus gescheitert ist, unternimmt der greise Phoinix einen großen Versuch, Achill doch noch umzustimmen: nicht nur durch die Erinnerung an all das, was er früher für ihn getan hat, sondern vor allem durch ein mythisches Exemplum. Daß mit Geschichten aus vergangener Zeit argumentiert und versucht wird, etwa einer Mahnung größeren Nachdruck zu verleihen – so wie man es immer wieder in der römischen Liebeselegie findet –, das setzt ja bereits in der ›Ilias‹ ein. Was Phoinix seinem einstigen Zögling erzählt, ist die Geschichte von Meleager. Auch Meleager hatte sich aus Zorn vom Kampfe zurückgezogen, ließ sich durch keine Bitten und Geschenke bewegen, und erst in letzter Stunde konnten ihn dann die Beschwörungen seiner Frau veranlassen, sein Zaudern aufzugeben. Die Erzählung weist auf vieles in der folgenden Ilias-Handlung voraus: Auch Achill wird bei seiner Ablehnung verharren und erst in großer Not (nach dem Tode seines Freundes Patroklos), ohne all die Geschenke zu empfangen, wieder in den Kampf gehen.

Die Rede des Phoinix erreicht also ihr Ziel nicht; immerhin rückt Achill von der ursprünglich verkündeten Absicht, gleich am nächsten Morgen abzufahren, ein wenig ab. Phoinix solle jetzt bei ihm bleiben, und am nächsten Morgen wolle er gemeinsam mit ihm überlegen, ob sie beide alsbald heimkehren oder nicht. Mit Ausnahme des Phoinix verläßt die Gesandtschaft dann Achill und verkündet den Zurückgebliebenen, Achill habe sich nicht umstimmen lassen, sondern drohe gar mit seiner Abfahrt.

Briseis tritt dann im Schlußabschnitt der Ilias-Handlung noch einmal hervor: Nachdem Achills Freund Patroklos durch den Trojaner Hektor den Tod gefunden hat, stimmt sie eine Totenklage an, in der sie ihre enge Verbundenheit mit Patroklos zum Ausdruck bringt. Als seinerzeit Achill ihre Stadt Lyrnessos zerstört und ihren Mann und ihre Brüder getötet habe, sei sie von Patroklos getröstet worden: Er habe ihr versprochen, dafür zu sorgen, daß sie nach Beendigung des Trojanischen Kriegs Achills Frau werde.

Soweit die Ilias-Handlung. Welches ist die Rolle der Briseis in diesem Epos? Gewiß verhält es sich so, daß die Abschnitte, in denen es um sie, um ihren Besitz geht, für das Geschehen der ›Ilias‹ wesentlich sind – aber ebenso klar hat sich gezeigt, daß Briseis dabei nur Objekt, nur passiv beteiligt ist.

Das gilt auch für die Darstellung der Beziehung zwischen ihr und Achill. Über Achill wird immerhin mitgeteilt, daß er Briseis als »das Herz erfreuend« einschätzt (9,336); ja, im Gespräch mit den Gesandten bekennt er ausdrücklich, daß er Briseis herzlich zugetan war (9,343). Freilich, im Porträt, das Homer von Achill entwirft, bleibt dieser Zug am Rande; worum es bei Homer wirklich geht, das ist die Kränkung, die Achills Ehre erfährt – dieser Kränkung wegen kommt es zu seinem Zorn und zu all dessen Folgen.

Bleibt Homers Darstellung, was die Beziehung der beiden betrifft, schon im Falle Achills sparsam, so blendet er das Empfinden der Briseis nahezu völlig aus. Lediglich in der Szene, als Briseis an die von Agamemnon gesandten Herolde übergeben wird, heißt es, sie sei mit den beiden »widerwillig« mitgegangen. Aber es bleibt unklar, worauf sich dies bezieht, ob auf eine erotische Beziehung zu Achill, auf ihre Sorge um die Zukunft oder auf beides. Nur einmal tritt Briseis mit einer Gefühlsäußerung hervor. An der Leiche des Patroklos darf sie von ihrem Schmerz sprechen, den sie wegen des Verlusts des Befreundeten empfindet – in der Totenklage hat der Affekt seinen rituellen Ort. Doch ansonsten erfährt man nichts über die Gefühle, die Briseis bei all dem Geschehen bewegen, dessen Opfer sie ist.

Nun war in späterer, in hellenistischer Dichtung das Bemühen darum gegangen, den Grundbestand der alten Sagendarstellungen unangetastet zu lassen, sie aber auszugestalten – entweder in der Form, daß man unbekannte Details nachtrug und das Bild damit bereicherte, oder daß man sich zwar auf die gleichen Stoffe beschränkte, sie aber aus neuer, ungewohnter Perspektive betrachtete, das heißt, die in der zweiten Linie stehenden Personen – die Sklaven, die Bürger, jedenfalls nicht die großen Helden – in den Vordergrund rückte. So kam es dazu, daß in die erhabenen Stoffe der alten Epen und Tragödien idyllische Züge eingeflochten wurden, daß neben das Großartige das Kleine, auch das Menschlich-Allzumenschliche trat. Ein besonderer Reiz dieser hellenistischen Dichtung lag also darin, daß nun Menschen zu

Wort kamen, die mit jenen adligen Konventionen nichts anfangen konnten, denen ganz andere Dinge wesentlich waren.

Es ist nun diese Tradition hellenistischen Dichtens, in die sich Ovids ›Heroides‹ stellen; es geht dem Römer dabei freilich nicht um sachliche Anreicherung der alten Stoffe, sondern allein um den Wechsel der Perspektive. Doch Ovid knüpft nicht nur an die hellenistische Tradition an. Mindestens ebenso bedeutsam sind für die ›Heroides‹ die Errungenschaften der römischen Liebeselegie, die durch Properz, Tibull – und ihn selbst repräsentiert wird.

Aus alledem folgt für die dritte Heroide dies: Im Vergleich zur Homerischen ›Ilias‹ rückt hier eine Nebenfigur ins Zentrum, und zwar in der Weise, daß deren Empfindungen wichtig werden. Mit welchen Gefühlen hat sie das im Epos geschilderte Geschehen begleitet? Vor allem auf zwei Szenen kommt es dabei an: einmal auf den Augenblick, als sie aus Achills Zelt geholt und den Gesandten Agamemnons übergeben wurde, zum andern auf die Situation, die sich durch Achills Weigerung ergab, auf das Versöhnungsangebot einzugehen. Dadurch, daß die Ovidische Briseis auf diese beiden Szenen rekurriert, kommt in ihrem Brief all das zur Sprache, was in den entsprechenden Abschnitten der ›Ilias‹ (vor allem 1 und 9, auch 19) stand, wenigstens in Andeutungen. Das Material kehrt also bei Ovid im ganzen wieder. Allerdings hat er den Charakter seiner Heroine so angelegt, daß sie keinerlei Verständnis für das Wertesystem Homers zeigt, keinen Sinn für Achills eigentliche Haltung, sein Ehrempfinden, seinen Zorn. Diese Haltung kommt exemplarisch in V. 89f. zum Ausdruck:

propter me mota est, propter me desinat ira
  simque ego tristitiae causa modusque tuae.

Meinetwegen ist dein Zorn erregt worden, meinetwegen höre er wieder auf! Und ich sei ebenso Ursache deiner trüben Stimmung wie auch deren Grenze!

Nun hatte es in der ›Ilias‹ (2, 689) einmal geheißen, Achill grolle »wegen des Mädchens«. Entspricht das denn nicht dem Ovidischen »propter me …«? Keineswegs. Denn die

Homerische Formulierung nennt nur etwas, was den Anlaß von Achills Zorn markiert, aber keineswegs die eigentliche Ursache. Eben als Ursache von Achills Betrübnis bezeichnet sich die Ovidische Briseis: Im Sinne Homers ist sie das ebensowenig, wie sie der Grund für Achills spätere Rückkehr in den Kampf sein wird – eine Rolle, die aber die Ovidische Briseis für sich in Anspruch nehmen möchte. So zeigt schon dies eine Distichon 89f., wie diese Briseis nicht bloß die Dinge von ihrer Warte aus betrachtet, sondern das zentrale Geschehen auf sich bezieht, auf ihr Schicksal – in radikaler Einseitigkeit.

Fragen wir zunächst, zu welchem Zeitpunkt ihrer Geschichte Ovid seine Briseis den Brief schreiben läßt. Die Antwort ergibt sich aus 57f.:

> quin etiam fama est, cum crastina fulserit Eos,
> te dare nubiferis lintea uela Notis:

> Ja, es geht sogar das Gerücht, daß du, sobald morgen die Morgenröte aufschimmert, die Leinensegel den Wolken bringenden Südwinden aussetzen willst.

Es handelt sich also um die Nacht, in der die Gesandtschaft fehlgeschlagen ist, die Achill zur Rückkehr in den Kampf bewegen sollte, und man mit dem völligen Abzug Achills rechnen muß. Offenbar hat sich das Ergebnis der Gesandtschaft, mit vielen Einzelheiten, rasch verbreitet und ist auch Briseis bekannt geworden, die sich in Agamemnons Zelt befindet. Wie die auf jenes Distichon folgenden Verse zeigen, gerät Briseis wegen dieser Nachricht in Bedrängnis – sie muß ja fürchten, daß Achill, dessen Frau einmal zu werden ihr Patroklos angekündigt hatte, nun ohne sie nach Griechenland zurückfährt. Was soll aus ihr werden, wenn sie von Achill getrennt ist? Tiefe Sorge wegen ihrer näheren und ferneren Zukunft sucht sie heim, und eben diese Stimmung geht in ihren Brief ein. Die dritte Heroide ist also keineswegs auf das Thema »Liebe« beschränkt, sondern gibt auch anderen Empfindungen der Briseis Raum.

Bei der folgenden Betrachtung des Briefs wird ausführlicher nur der Anfang behandelt, die restlichen Abschnitte sollen dann nurmehr kursorisch besprochen werden.

Die ersten sechs Verse schließen sich zur Briefeinleitung zusammen. Zunächst wird der Vorgang des Schreibens thematisiert:

> Quam legis, a rapta Briseide littera uenit,
>   uix bene barbarica Graeca notata manu.
> Quascumque adspicies, lacrimae fecere lituras;
>   sed tamen et lacrimae pondera uocis habent.
> Si mihi pauca queri de te dominoque uiroque
>   fas est, de domino pauca uiroque querar.

> Das Geschriebene, das du liest, ist von der weggeführten Briseis gekommen; nur schlecht ist das Griechisch von der Hand der Barbarin aufgezeichnet. All die Verwischungen, die du bemerken wirst, rühren von Tränen her; freilich – auch Tränen haben das Gewicht einer Äußerung. Falls es mir überhaupt erlaubt ist, wenige Worte der Klage über dich, als Gebieter und Mann, vorzubringen, will ich wenige Worte über den Gebieter und den Mann vorbringen.

Mit dem ersten Vers wird zunächst einmal die Herkunft des Briefs angegeben, die Absenderin nennt ihren Namen. Wenn sie sich dabei als »rapta« bezeichnet, so spielt sie gewiß auf die Wegführung aus Achills Zelt an; Briseis versteht die Übergabe an Agamemnon – dies besagt die Wahl des Worts »rapere« – als »Versklavung«, das heißt: als ihre zweite Versklavung[22]. Für den Adressaten des Briefs, für Achill, mag das ohne weiteres verständlich sein, die Leser der Dichtung benötigen, um dies zu begreifen, die genaue Kenntnis des in der Ilias erzählten Geschehens. Hier bestätigt sich also, was vorhin allgemein formuliert war: daß Ovid bei seinen Lesern Vertrautheit mit Mythos und Literatur voraussetzt.

Wie der erste Vers beschäftigen sich auch noch die nächsten drei (2–4) mit dem vorliegenden Brief selbst. Briseis entschuldigt sich für ihr schlechtes Griechisch. Daß sie auf Sprachschwierigkeiten verweist, ist zunächst einmal ein realistischer Zug. Briseis' Aussage geht freilich darüber hinaus: Wenn sie von »barbarica manus« spricht, versetzt sie sich in

[22] Vgl. V. 16: »infelix iterum sum mihi uisa capi«; dazu s. Jacobson (1974) 27f.

die Position des Adressaten, macht sich dessen kulturelle Norm zu eigen.

Wie die Properzische Arethusa verweist Briseis sodann auf unlesbare Stellen ihres Briefs – das rühre von Tränen her; durch die Wiederaufnahme des Worts »lacrimae« (Epanalepse) wird ihre derzeitige Stimmung besonders eindringlich formuliert. Und mit Nachdruck betont sie, daß es jetzt keineswegs allein auf die geäußerten Worte ankomme, sondern auch auf das Nonverbale, soweit es sich in den verwischten Stellen zu erkennen gebe.

Der Hinweis auf ihre Tränen bereitet vor, was Briseis dann in V. 5f. äußert: Es gehe ihr um Klage, um Beschwerde, freilich nicht um laute, dröhnende, sondern eben um eine schmerzerfüllte. Ganz behutsam formuliert Briseis ihr Thema: »si mihi pauca queri fas est« – also einmal der Vorbehalt: »falls es mir – in meiner Position – überhaupt gestattet ist, eine Beschwerde zu äußern«, und »pauca«, selbstverständlich nur wenige Worte. Was sich schon im ersten Vers angedeutet hatte, zeigt sich auch hier: Briseis ist sich ihrer Abhängigkeit von Achill völlig bewußt, und es liegt ihr daran, Achill gleich zu Beginn wissen zu lassen, daß sie ihren sozialen Status allezeit im Auge behält.

Daß sich Briseis ihrem Thema, ihrem Gegenstand so behutsam nähert, ist alles andere als selbstverständlich. Wie die Leser ja später erfahren, entsteht ihr Brief unmittelbar, nachdem das Gerücht sie erreicht hat, Achill plane, ohne sie nach Griechenland zurückzukehren. Da hätte es nahegelegen, gleich zu Beginn des Briefs auf diese Situation Bezug zu nehmen, etwa in der Weise: Eben erfahre sie, daß Achill die Rückkehr beabsichtige; was er sich denn dabei denke ... Wenn Briseis den konkreten Anlaß ihres Briefs zunächst beiseite läßt, so zeigt das ihre diplomatische Kunst, es handelt sich nicht etwa um einen Kompositionsfehler[23] – Briseis will nicht mit der Tür ins Haus fallen, Achill vielmehr langsam zum Eigentlichen hinführen. Zu dieser Strategie gehört auch, daß sie hier lediglich eine Klage ankündigt (»queri«). Zwar ist der unmittelbar folgende Abschnitt durch Klage bestimmt, der weitaus größere Teil des Briefs handelt aber

[23] Dies betont zu Recht von Albrecht (1980) 42.

von ihrem konkreten Anliegen[24]: daß Achill sie unbedingt aus Agamemnons Zelt holen und anschließend mit nach Griechenland nehmen möge. Daß sie auf diese Bitte (»preces«, heißt es ausdrücklich in V. 91) abzielt, verschweigt sie also hier zu Anfang.

Die Behutsamkeit ist indessen nur die eine Seite ihres Vorgehens. Die andere besteht darin, daß sie versucht, ihren Worten besonderen Nachdruck zu verleihen: Wie schon in V. 3f. bedient sie sich in V. 5f. der Epanalepse, der zweite Fall hat freilich durch den größeren Umfang des Wiederholten bedeutend mehr Gewicht. Sie wolle sich über Achill als »Gebieter« (dominus) und als »Mann« (uir) beschweren. Die Begriffe »dominus« und »uir« gehören jeweils zwei Sphären an, der sozialen und der erotischen. Durch die Eroberung ihrer Stadt, durch die Tötung ihrer Angehörigen und ihre Gefangennahme ist Achill zu ihrem »dominus« geworden – zugleich wird mit diesem Wort aber auch der Geliebte bezeichnet, insofern er sexuell über die Frau verfügt. Und das Wort »uir« meint nicht nur »den rechten, den wahren, *uirtus* bewährenden Mann«, sondern auch den »Freund«, den »Liebhaber«. Wenn Briseis hier gleich zweimal die Funktionen Achills namhaft macht, so liegt darin schon ein indirekter Appell an die Pflichten, die aus diesen Funktionen, den sozialen ebenso wie den erotischen, für Achill entspringen[25]. Solches Appellieren, sei es indirekt, sei es direkt, wird im Brief immer wiederkehren – es ist dies ein wichtiger Bestandteil von Briseis' Überredungsstrategie.

Gemäß ihrer Ankündigung in V. 5f. trägt Briseis sodann Klagen vor; dieser Abschnitt reicht bis V. 56. Zunächst, in V. 7–16, bezieht sich Briseis auf den Tag der Übergabe an Agamemnon. Da heißt es anfangs (7f.):

non ego poscenti quod sum cito tradita regi,
   culpa tua est – quamuis haec quoque culpa tua est –

Nicht daß ich dem König, als er dies forderte, rasch übergeben wurde, ist deine Schuld – wiewohl auch dies deine Schuld ist.

[24] von Albrecht (1980) 42.
[25] von Albrecht (1980) 41.

Insofern als Agamemnon, der Oberfeldherr, eine rasche Übergabe fordern konnte, treffe Achill keine Schuld, unter juristischem Aspekt; schuldig sei er aber insofern, als er die rechtliche Seite über das Menschliche, die persönliche Beziehung Betreffende gestellt habe. Daß eben dies gemeint ist, wird auch aus den beiden nächsten Distichen deutlich (9–12):

> nam simul Eurybates me Talthybiusque uocarunt,
> Eurybati data sum Talthybioque comes;
> alter in alterius iactantes lumina uultum
> quaerebant taciti, noster ubi esset amor

> Denn sobald Eurybates und Talthybios mich gerufen hatten, wurde ich dem Eurybates und dem Talthybios übergeben, um sie zu begleiten. Indem sie einander Blicke zuwarfen, fragten sie sich schweigend, wo denn unsere Liebe sei.

Briseis meint also, um ihrer Liebe willen hätte Achill das Gebot der schnellen Übergabe nicht einfach hinnehmen dürfen, sondern etwas zu ihren Gunsten tun müssen.

Bereits in der ›Ilias‹ hatten die Gesandten geschwiegen (1,331f.). Dort freilich taten sie es, weil sie das Häßliche, Unwürdige ihres Auftrags spürten, also vom archaischen Moralkodex her. Ovids Briseis hingegen deutet das Schweigen als Verwunderung darüber, daß Achill sich so ohne weiteres von der Geliebten trennte. So behält die Ovidische Gestalt das Homerische Motiv (des Schweigens) bei, setzt aber an die Stelle des epischen Ehrenkodex das »Recht der Liebe«. Und weil sie dies Recht höher stellt, kann sie in V. 13 fortfahren: »differri potui« (ein Aufschub meiner Übergabe wäre möglich gewesen). Zugleich verweist sie damit auf die passive Rolle, die sie bei alledem spielen mußte.

Waren in der ›Ilias‹ ihre damaligen Empfindungen nur mit dem einzigen Wort angedeutet worden, daß sie »widerwillig« mit den Herolden ging, so nehmen die Gefühle jetzt großen Raum ein: Sie habe Achill damals keine Küsse zum Abschied geben können, wohl aber habe sie endlos geweint und sich, wie das Trauernde tun, Haare ausgerissen, sei ihr das Ganze doch wie eine zweite Versklavung erschienen.

Damit ist aus dem nüchternen Bericht Homers bei Ovid eine pathetische Abschiedsszene geworden; der Akzent liegt jetzt ganz auf den Gefühlen der liebenden Frau, »amor« (V. 12) ist der Leitbegriff.

In V. 17–20 geht Briseis dann auf ihr Leben an der Seite Agamemnons ein. Oft habe sie bei Nacht zu Achill zurückkehren wollen, aber gefürchtet, trojanische Trupps könnten sie gefangennehmen, und das hieße ja, daß sie noch weiter von Achill entfernt worden wäre. Mit dieser Darstellung gibt Briseis zu verstehen, daß sie keinerlei innere Beziehung zu Agamemnon entwickelt habe; ganz in diesem Sinne wird sie später feierlich schwören, niemals mit Agamemnon das Lager geteilt zu haben (103–110). Zugleich handelt es sich bei V. 17–20 um die vorwegnehmende Widerlegung eines möglichen, naheliegenden Einwands (Prokatalepse): Achill könnte ja fragen, wieso sich Briseis, wenn sie ihn schon so sehr liebte, nicht darum bemüht habe, zu ihm zurückzukehren. Doch wie sollte sie sich, eine ängstliche Frau, allein durch das nächtliche Lager schleichen? Bei Homer hat eine solche Überlegung selbstverständlich kein Vorbild.

Mit der Prokatalepse leitet Briseis zu weiterer Klage über. Allerdings wandelt sich jetzt der Ton; es dringt Sarkasmus, Spott, Ironie ein – die Klage verschärft sich geradezu zur Anklage. Indem sie über eine Flucht zu Achill nachsann, so gibt sie ihm zu verstehen, habe sie gleichsam ihre Pflicht der »fides« erfüllt[26] – doch was sei in dieser Hinsicht mit Achill? Es geht um die Verse 21–26, die etwas näher betrachtet seien:

> sed data sim, quia danda fui. Tot noctibus absum
>   nec repetor; cessas iraque lenta tua est.
> ipse Menoetiades, tum cum tradebar, in aurem
>   »quid fles? hic paruo tempore«, dixit, »eris.«
> non repetisse parum. pugnas, ne reddar, Achille.
>   i nunc et cupidi nomen amantis habe.

> Aber mag ich denn übergeben worden sein, weil ich nun einmal übergeben werden mußte. So viele Nächte bin ich fern [von dir] und werde nicht zurückgefordert.

[26] Dies die einleuchtende Interpretation bei von Albrecht (1980) 43.

> Du bist untätig, und dein Zorn ist träge. Der Sohn des Menoitios [Patroklos] sagte mir damals, als ich übergeben wurde, ins Ohr: »Warum weinst du? Binnen kurzem wirst du wieder hier [bei Achill] sein!« »Nicht zurückgefordert« zu haben – das ist zu wenig gesagt. Du kämpfst darum, daß ich nicht zurückgegeben werde, Achilles. Gehe denn hin und trage ihn, den Ruhm des feurigen Liebhabers!

Mit den Worten »sed data sim, quia danda fui« (21) markiert Briseis zunächst den Abschluß des bisher Vorgebrachten, indem sie den Fall setzt, daß ihre Übergabe stattfinden mußte (sie ist ja der gegenteiligen Ansicht). Die lange Abwesenheit des geliebten Partners (»tot noctibus absum«, 21) ist ein klassisches Motiv der römischen Liebeselegie. Doch statt Briseis als das ihm Gehörende zurückzufordern (»repetere«), zögere Achill. Das Wort »cessas« (22), das üblicherweise das »arbeitsscheue Verhalten von Sklaven« bezeichnet, stellt dabei eine besondere Spitze dar: Der Vorwurf des Herumlungerns trifft hier den Herrn aus dem Munde der Sklavin[27].

Mit »ira« (22) wird das erste Wort der ›Ilias‹ wiedergegeben und damit deren Leitthema. Bei Homer verhielt es sich so: Weil Achill in der ersten Versammlung dem Oberfeldherrn Agamemnon gegenüber seinen Zorn nicht zügeln konnte, eben deshalb haben sich die Dinge so entwickelt, daß Achill schließlich von Agamemnon genötigt wurde, seine Ehrengabe, Briseis, herauszugeben. Wenn Ovids Briseis auf Achills Zorn zu sprechen kommt, so verweist sie damit gleichsam auf die berühmte literarische Vorlage (»dein aus Homer bekannter Zorn«). Freilich, sie nennt diesen Zorn jetzt »lenta«: Achills Unmut über die erlittene Kränkung habe sich gar zu rasch beruhigt. Dabei müsse Achill doch über die Trennung von Briseis zornig erregt sein. In dieser Aussage gibt sich wieder ihre Neigung zu erkennen, alle Dinge auf sich und ihr Schicksal zu beziehen. Formal handelt es sich bei der Junktur »ira lenta« um eine »contradictio in adiecto«. Frühere Philologen haben Derartiges gerne als »bloß rhetorisch« abgetan – in Wahrheit geht es um die höchst pointierte Darlegung eines neuen Aspekts der Sache.

[27] von Albrecht (1980) 43.

Nach Briseis' Darlegung hat Patroklos ihr bei der Trennung von Achill etwas ins Ohr geflüstert (24). Diese genrehafte Szene ist aus jener Ilias-Passage herausgesponnen, in der Briseis, um Patroklos klagend, an dessen Versprechen erinnert, sie dem Achill als Frau zuzuführen. Auf das spät liegende Ereignis, den Tod des Patroklos, kann Ovid in seiner Heroide (wegen des Zeitpunkts, zu dem er Briseis schreiben läßt) nicht mehr zu sprechen kommen; so ist das Motiv »Patroklos spricht zu Briseis« gewissermaßen frei geworden – Ovid hat es sich nicht entgehen lassen und das Gespräch entsprechend vorverlegt.

Mit »non repetisse parum« (25) greift Briseis ihre eigenen Worte aus V. 22 auf und setzt zu ihrer Korrektur an (Epanorthosis). Die Imperative »i nunc« und »nomen habe« (26) sind ironisch gemeint (Permissio).

So dient die ganze Versgruppe 21–26 dazu, Achill auf sarkastisch-ironische Weise an seine Verpflichtung Briseis gegenüber zu erinnern. Das Ziel, das sie dabei im Auge hat, kann nur sein, ihn zu ihrer Rückholung zu veranlassen. Doch dieser Wunsch wird auch jetzt noch nicht explizit formuliert, sondern steht nur zwischen den Zeilen.

Um den Vorwurf zu stützen, Achill vernachlässige seinen Teil der Pflichten, erinnert Briseis sodann an die Gesandtschaft, die unmittelbar, bevor sie den Brief schreibt, in dieser Nacht zu Achill gekommen war (27–42) – es liegt wiederum eine erzählende Partie vor (die erste, V. 9–20, hatte der Übergabe und der Zeit danach gegolten). In ihrer Erzählung führt Briseis all die prächtigen Gaben auf, die Agamemnon dem Achill anbieten ließ: die Kessel, das Gold, die Pferde, überdies, was sie überflüssig findet, die schönen Sklavinnen und gar noch eine Braut aus dem Kreis von Agamemnons Töchtern. Daß Agamemnon dem Achill die Hochzeit mit einer seiner Töchter in Aussicht stellt, muß Briseis – angesichts der seinerzeitigen Ankündigung des Patroklos – besonders beunruhigen. Briseis faßt es nicht, daß Achill auf die Angebote Agamemnons nicht eingegangen ist. Sie meint vielmehr (39f.):

sic tibi ab Atride pretio redimenda fuissem;
  quae dare debueras, accipere illa negas:

> so hättest du mich teuer von dem Atriden [Agamemnon] loskaufen müssen. Was du hättest geben sollen, das weigerst du dich anzunehmen.

Der bei Homer dargestellte Konflikt um die Ehre Achills bleibt der Ovidischen Briseis fern; sie bezieht Achills Verhalten ausschließlich auf ihre Verbindung – und versteht nicht, wie es zu Achills Kälte, zu solcher Entfremdung hat kommen können (41 f.):

> qua merui culpa fieri tibi uilis, Achille,
> quo leuis a nobis tam cito fugit amor?

> Aufgrund welcher Schuld habe ich es verdient, dir gleichgültig zu werden, Achill? Wohin ist, flüchtig, die Liebe so rasch von uns entschwunden?

Daß jemand aus dem unbegreiflichen Verhalten des anderen auf den Verlust der Liebe schließt – dies ist eines der vielen Motive, die Ovid in der römischen Liebeselegie gestaltet fand.

Was nun Briseis' Worte betrifft, so drückt sich in ihnen Schmerz und Trauer aus. Damit hat sich im Laufe der narrativen Partie ein Wandel der Stimmung vollzogen: Von der Ironie, der Schärfe, mit der Briseis eben noch ihre Worte gesetzt hatte, ist nichts mehr geblieben. Der Gedanke an ihr jetziges Unglück in der Liebe löst vielmehr die Erinnerung an all die Leiden aus, die ihr Leben früher bestimmten (43–50): Achill hat ihr einst alles genommen, als er ihre Vaterstadt eroberte, ihre Brüder und ihren Mann tötete. Und doch, so fährt sie V. 51–56 fort, hat sie dann alles in ihm wiedergefunden; durch die Beziehung zu ihm wurde sie für alles entschädigt. Auf diese Weise wird deutlich, welch geradezu existentielle Bedeutung Achill für sie gewonnen hat: ihr Leben hängt ganz an ihm. Einst habe er ihr geschworen, die Gefangennahme werde durchaus zu ihrem Vorteil ausschlagen (53 f.); jetzt aber gebe er mit der Ablehnung von Agamemnons Angebot auch sie preis – ja, es gehe sogar das Gerücht, daß er morgen in der Frühe von Troja abfahren wolle, ohne sie mitzunehmen (57 f.).

Mit dieser letzten Bemerkung ist, in der chronologischen

Folge des Geschehens, jener Augenblick erreicht, in dem Briseis ihren Brief schreibt. Der gesamte Rest des Briefs (98 Verse) befaßt sich ganz überwiegend mit der Zukunft – die Gedanken der Briseis kreisen von jetzt an um Achills Absicht heimzukehren. Als sie von seinem Plan erfahren habe, sei sie der Ohnmacht nahe gewesen. Ihre größte Sorge ist, Achill könne ohne sie von Troja abfahren. Doch Briseis erklärt, sie wolle eher sterben, als allein in Troja zurückbleiben. Alles, was noch folgt, erweist sich als von dieser tiefen Sorge bestimmt[28]. Briseis' Ziel ist es, Achill dazu zu bewegen, sie nicht im Stich zu lassen, sondern, falls er denn wirklich davonfahre, sie mitzunehmen. In der ›Ilias‹ hatte Achill, als er die Gesandtschaft abschlägig beschied, an Briseis' weiteres Schicksal keinen Gedanken gewendet, nur um seinen greisen Erzieher Phoinix hatte er sich besorgt gezeigt. In Ovids Heroide rückt Phoinix an den Rand, geht es Briseis allein um sich.

Für Achills Schiff, so schreibt sie zunächst, werde sie doch gewiß keine Last sein. Auch sei sie mit einer ganz bescheidenen Rolle zufrieden: Nicht als Gemahlin wolle sie ihm folgen, sondern als Sklavin. Achill möge eine schöne Griechin heiraten, sie, Briseis, werde dann deren Magd sein. Nur um eines bitte sie ihn: dafür zu sorgen, daß seine Frau sie nicht mißhandele. Doch auch dies nimmt Briseis noch zurück: nein, sie sei selbst ein solches Los zu ertragen bereit, wenn er sie nur nicht allein zurücklasse. Der Gedanke an das Verlassenwerden führt zu einem Schrei des Entsetzens (67–82).

So hat sich Briseis bereit erklärt, immer größere Demütigungen auf sich zu nehmen. Doch die zuletzt wiederkehrende Vorstellung, sie könnte allein in Troja zurückbleiben, läßt sie nunmehr ihre Argumentation, ihre Strategie ändern. Von jetzt an geht sie darauf aus, Achill zum Bleiben zu bewegen und vor allem dazu, daß er wieder in den Kampf zurückkehrt – eine entsprechende Entscheidung Achills würde Briseis vor jenen Erniedrigungen bewahren, die auf sich zu nehmen sie eben noch angeboten hatte.

Daß Achill wieder am Kampf der Griechen teilnimmt, dies zu erreichen, war in der ›Ilias‹ das Ziel der Gesandt-

[28] Zu Recht schreibt Jacobson (1974) 28: »Her largest feeling is that of fear, fear that she will again be deserted«; s. auch 35.

schaft gewesen. Wenn Briseis jetzt dasselbe Ziel verfolgt, so setzt sie damit die Bemühungen der Gesandten, des Odysseus und des Phoinix, mit ihren Mitteln fort – noch ist der Morgen ja nicht da, für den Achill seine Abfahrt angedroht hat. Anders freilich als jene Gesandten handelt Briseis nicht in offiziellem Auftrag, sondern aus eigenem Antrieb. Die Berechtigung zu ihrem Vorgehen leitet Briseis daraus ab, daß sie so, wie sie die Ursache von Achills Zorn gewesen sei, nun auch der Grund für die Beendigung sein müsse (89).

Hatte bei Homer der Gesandte Phoinix Achill das Beispiel Meleagers vor Augen gestellt, so versucht jetzt Briseis, auf Achill durch die Erzählung dieses mythischen Exemplums einzuwirken. Mit Nachdruck weist Briseis darauf hin, daß es die Gattin war, die Meleager schließlich dazu bewogen hat, in den Kampf zurückzukehren. In der ›Ilias‹ hatte die Entsprechung zwischen Achills und Meleagers Verhalten darin bestanden, daß beides starkes, flehentliches Bitten auslöste. Die Ovidische Briseis kann die Analogie über dies hinaus ausdehnen: Beide Male ist es ja eine Frau, die die Bitten vorträgt (97f.). Freilich – Meleagers Gemahlin sei glücklicher gewesen, als sie, die Sklavin, es jetzt ist. Und dann schwört Briseis, niemals das Lager Agamemnons geteilt zu haben. Den entsprechenden Schwur hatte in der ›Ilias‹ Agamemnon geleistet. Der mit dem Epos vertraute Leser erhält jetzt also aus dem Munde der Briseis gleichsam die Bestätigung. Ihren Schwur leistet Briseis in feierlichster Form: bei ihrem Mann und ihren Brüdern – jenen also, die von Achill getötet worden waren. Indem Briseis so die Erinnerung an das Geschehen evoziert, das sie mit Achill verbunden hat, gemahnt sie ihn eindringlich an die besondere Verantwortung, die er ihr gegenüber trage.

Doch wie hält es Achill mit dieser Verantwortung? In der ›Ilias‹ hatten ihn die Gesandten angetroffen, wie er zur Leier »den Ruhm der Männer« besang. Ganz entsprechend weist Briseis darauf hin, daß Achill Leier spiele – allerdings habe er dabei eine Geliebte im Arm; statt zu kämpfen, erfreue er sich am Gesang und an der Liebe: »citharae uoxque uenusque iuuant« (116b). Dieser Abschnitt ist wiederum von Sarkasmus, von Ironie geprägt – der besondere Reiz liegt darin, daß die Kritik, die Briseis hier an Achills Verhalten übt, ganz am Ideal der heroisch Kämpfenden orientiert ist.

Dann wendet sich Briseis in einer Apostrophe an die Griechen insgesamt: Man möge sie, Briseis, als Gesandtin zu Achill schicken. Bereits seit längerem hatte Briseis die Funktion einer Gesandtschaft übernommen (durch ihre beschwörenden Bitten an Achill zu bleiben) – jetzt also wünscht sie, daß man ihr diese Aufgabe offiziell überträgt. Innerhalb des Briefs an Achill formuliert, kann dieser Wunsch freilich zu den Gemeinten gar nicht vordringen (und Briseis weiß das selbstverständlich). Worum also geht es bei dieser Apostrophe? Briseis beteuert, sie werde erreichen, was Achill jener Gesandtschaft verweigert habe, werde es erreichen durch Küsse und Umarmungen – so soll an die Stelle der Überredung, wie sie die epischen Helden versuchten, die erotische Verführung treten.

Doch was, wenn Achill sich nicht umstimmen läßt? Falls Achill nicht bereit sei, sie zu sich zurückzuholen, so erklärt Briseis im Schlußteil ihres Briefes, bedeute das für sie den Tod: Entweder werde sie Selbstmord begehen oder Achill bitten, sie zu töten. So ist der Schlußpassus von einer Drohung erfüllt; sie bildet das Gegenstück zu Achills Drohung abzusegeln – für die Heroine allerdings steht das Leben auf dem Spiel.

Damit sei der Überblick über die dritte Heroide abgeschlossen[29]. Briseis hatte behutsam begonnen, voll Zurückhaltung, den sozialen Abstand zu Achill betonend. Erst spät tritt sie mit ihrem Anliegen hervor: der Bitte an Achill zu bleiben. In den Dienst ihres Überredungsversuchs stellt Briseis eine ganze Reihe unterschiedlicher Sprechhaltungen: Da gibt es Beschwerde, schmerzerfüllte Klage, sanfte und auch schneidende Ironie, sarkastischen Spott, beschwörendes Flehen, eindringlichen Appell, schließlich Drohung. Die literarische Vorlage, Homers Epos, bleibt dabei stets gegenwärtig, ja, die Schreiberin zitiert diese Vorlage gelegentlich. Dies Verfahren ist geeignet, dem gegenüber Homer Neuen und Anderen besonderes Profil zu geben.

Worin besteht dies Neue? Nicht in der »Geschichte« (der *histoire*), sondern in anderem. In der ›Ilias‹ war Briseis'

[29] Wenigstens hinzuweisen ist auf vier wichtige Einzelinterpretationen, die in jüngerer Zeit erschienen sind: Sallmann (zu her. 1); Adamietz (zu her. 7); Rosati (1985/I, zu her. 4); Maurer 149–172 (zu her. 10).

Schicksal zwar eng mit dem Hauptgeschehen verknüpft gewesen, ihre Person aber ganz im Hintergrund geblieben; von der Totenklage abgesehen, hatte Briseis dort geschwiegen. Bei Ovid nun kommt sie zu Wort; sie äußert dabei Empfindungen, wie sie aus dem Homerischen Epos ferngehalten wurden. Ihres niedrigen sozialen Status ungeachtet, tritt sie jetzt Achill in freimütiger Rede gegenüber. So hat sie sich im Vergleich zu ihrer epischen Vorgängerin entschieden emanzipiert. Ovids Briseis fordert ihr Recht – nicht was den gesellschaftlichen Status, sondern was ihre Rolle in der Beziehung zu Achill betrifft. Hier versteht sie sich als gleichwertige, gleichrangige Partnerin. Demgemäß stehen Qualität und Charakter des Verhältnisses zwischen ihnen im Zentrum des Briefes, explizit, aber auch unausgesprochen. Briseis spricht nachdrücklich von »noster amor« (12; 42); sie setzt also voraus, daß Achill für sie ähnliche Gefühle hegt wie sie für ihn. Diese Liebe hat ganz gewiß eine erotische Komponente (das zeigen etwa V. 127–131), aber sie erschöpft sich keineswegs darin, sondern wird von Briseis als etwas begriffen, das mit ihrem ganzen bisherigen Leben fest verknüpft ist. Die enge Rückbindung der Liebesempfindungen an den Bios, an die Existenz, gibt ihnen eine Intensität, die sich nicht einfach als »persuasive Strategie« verrechnen läßt, sondern beträchtlich darüber hinausgeht.

Bei der Darstellung der Liebe die sexuelle (erotische) und die existentielle Dimension gleichermaßen zur Geltung zu bringen, dies ist eine Errungenschaft der römischen Liebeselegie, die den ›Heroides‹ vorausliegt. Daß Briseis ihre Beziehung zu Achill so betrachtet, wie sie das tut, ist möglich geworden erst durch Properz und Tibull. Diese beiden und ebenso Ovid selber in den ›Amores‹ stellen die Liebesbeziehung freilich von der Warte des Mannes aus dar – in den ›Heroides‹ ist dagegen alles aus der Sicht der Frau gesprochen. Das müßte nun keineswegs schon bedeuten, daß der Standpunkt etwas Radikales hat – hier besteht durchaus kein Automatismus. Eben dies ist freilich bei Ovids Heroinen der Fall, daß sie ihre Auffassung in strikter Einseitigkeit vertreten: Briseis bezieht alle Elemente des Geschehens auf sich. Wenn in den Briefen solche Monomanie spürbar wird, so verweist dies auf den impliziten Autor: Er steht seinen Figuren mit einer gewissen Reserve gegenüber.

Daß für die Darstellung dessen, was den Heroinen am Herzen liegt, die Elegie die geeignetste Form ist, braucht man nicht weiter zu erklären – durch die römischen Liebesdichter Gallus, Properz, Tibull (und Ovid) war die Elegie für diesen Bereich geradezu kanonisch, verbindlich geworden.

Ebenso naheliegend, ja zwingend ist es, daß Ovid den Elegien hier die Gestalt des Briefs gibt. Als »die eine Hälfte des Dialogs« läßt diese Form ja den anderen in besonderer Intensität präsent sein, stellt sie zugleich Intimität zwischen den Partnern her wie keine andere literarische Gattung.

Eben hier, bei der Briefform, ergibt sich freilich ein Problem, das in der Forschung viel behandelt worden ist[30]: Wieweit haben die von den Heroinen geschriebenen Briefe im Rahmen der poetischen Fiktion Ovids überhaupt eine Chance, den primären Adressaten zu erreichen? Nehmen wir gleich Briseis' Brief: Er wird, wie sich aus dem Geschriebenen selbst ergibt, bald nach dem Scheitern der Gesandtschaft in Agamemnons Zelt, tief in der Nacht, verfaßt. Um Achill von seinem Plan, der Rückkehr in die Heimat, abzubringen, müßte der Brief noch vor Morgengrauen in seinem Zelt eintreffen. Aber wie sollte Briseis ihn dorthin expedieren? Noch ärger liegt der Fall etwa bei Penelope. Als sie ihren Brief an Ulixes schreibt, hat der Troja verlassen; sie weiß nicht, wo er sich gerade befindet. In ihrer Not verfällt sie auf die Idee, Abschriften ihres Briefes zu fertigen und sie jedem auslaufenden Schiff mitzugeben, aber natürlich kann Penelope nicht hoffen, mit diesem Verfahren Erfolg zu haben. Ähnlich verhält es sich bei Ariadne: Als sie an Theseus schreibt, ist dessen Schiff bereits am Horizont verschwunden – wie könnte er durch ihren Brief veranlaßt werden, umzukehren und Ariadne zu holen? Entsprechendes gilt für die anderen Heroinen.

Die äußere Situation, in der die Briefe angeblich entstanden sind, ist also von Ovid jeweils so angelegt, daß keine reelle Chance bestünde, den primären Adressaten zum Lesen zu bringen. Aus diesem Umstand wird immer wieder geschlossen, daß es Ovid auf die Briefform nicht angekommen sei, daß es sich dabei lediglich um eine austauschbare

[30] Zuletzt von Maurer 22–24.

Art und Weise der Einkleidung handele. Und von einer solchen Einschätzung her ist es dann nur noch ein kleiner Schritt zu der Auffassung, die ›Heroides‹ stellten in Wahrheit »innere Monologe« oder auch »lyrische Monodramen« dar. Eine derartige Etikettierung trifft jedoch nicht das Wesentliche. Zwar geben die Ovidischen Heroinen – wie dies beim Monolog der Fall zu sein pflegt – ihren derzeitigen Bewußtseinsstand wieder, aber sie sprechen gerade nicht einfach »vor sich hin«, sprechen gerade nicht »zu sich selbst«, wie das der Monologisierende tut, sondern richten – selbst dann, wenn sie sich vom Adressaten abzuwenden scheinen – ihre Worte an ihn und tun dabei so, als ob sie ihn zu einer Änderung seiner Haltung zu bewegen suchten. Ein innerer Monolog geriete hier rasch zur bloßen Klage. Für die emanzipatorische Einforderung des »Rechts der Liebe« bot sich hingegen der Brief als das geeignetste Medium an. Und nur wenn die Situation so bestimmt wird, daß der Brief seinen Empfänger gar nicht erreichen könnte, bleibt der Grundriß des tradierten Mythos unangetastet. Im Falle der Briseis war ja durch Homer vorgegeben, daß sie keinen Einfluß auf den tatsächlichen Gang der Dinge nimmt. Eben daran mochte Ovid nichts ändern.

Es bleibt also dabei: Die ›Heroides‹ sind keine Suasorien, keine Monodramen, sondern das, als was sie der Dichter selbst bezeichnet: elegische Briefe. Freilich handelt es sich in poetologischer Hinsicht um sehr komplexe Gebilde.

V. Ars amatoria

1. Allgemeines

Bereits bei den ›Amores‹, erst recht dann bei den ›Heroides‹ hatte Ovid einen Hang zum Systematisieren erkennen lassen. Wenn etwa in den ›Heroides‹ dem zeitgenössischen Leser vertraute Konstellationen des Mythos daraufhin betrachtet werden, welche Kraft die Liebe darin entfaltet, so schließen sich die vierzehn Einzelbriefe zu einem Ganzen exemplarischer Situationen zusammen. Was in ›Amores‹ und ›Heroides‹ erst Tendenz war, wird in Ovids didaktischer Poesie – soweit sie sich mit erotischen Themen befaßt – das Bestimmende. Es handelt sich um drei in elegischen Distichen geschriebene Werke: ›Ars amatoria‹, eine Anleitung, wie man einen Sexualpartner gewinnt und an sich bindet, ›Medicamina faciei femineae‹, ein nur fragmentarisch erhaltenes Gedicht über Kosmetik[1], und schließlich die ›Remedia amoris‹, die Heilmittel gegen das Verliebtsein[2].

Im folgenden soll es nur um das größte dieser Gedichte gehen, die ›Ars amatoria‹[3]. Drei Bücher umfassend, gliedert sich das Werk in zwei Großteile unterschiedlichen Umfangs. Der erste (Buch I und II) wendet sich an die Männer, die das Werben um die Frau regelgerecht, als Kunstfertigkeit, betreiben möchten; der zweite Großteil (Buch III) gilt den Frauen. Doch während Ovid bei den Männern keine soziale Einschränkung vornimmt, alle Unerfahrenen zu Adressaten wählt (1,1 f.), beteuert er im Falle der Frauen, sich nicht an die ehrbaren unter ihnen, nicht an die Matronen und die Töchter aus gutem Hause zu wenden (1, 31 f.):

[1] Wichtige Literatur zu den ›Medicamina...‹: Heldmann (1981; v.a. zum Prooemium); Rosati (1985/II; mit ausführlicher Einleitung und mit Kommentar). Zur Datierung des Gedichts: Rosati (1985/II) 42f.

[2] Literatur zu den ›Remedia amoris‹: Greiner; Hollis (1973); Sabot (1976) 547–564; Küppers.

[3] Wichtige Literatur zur ›Ars‹: Fränkel 57–67 und 70–73; Krókowski; Binnikker; Pianezzola; Hollis (1973); Spurlock; Schleuter; Sabot (1976) 349–441; Solodow (1977); Hollis (1977; Ausgabe und Kommentar von Buch I); Effe 238–248; Küppers; Labate; Holzberg (1985) 197–214; Myerowitz; Mack 83–98. Zitiert wird aus der ›Ars‹ im folgenden nach der Ausgabe von Kenney.

este procul, uittae tenues, insigne pudoris,
quaeque tegis medios instita longa pedes.

Bleibt fern, feine Kopfbinden, Kennzeichen der Sittsamkeit, und du, langer Stolenbesatz, der bis zu den Füßen reicht!

Was Ovid hingegen im Auge zu haben vorgibt, sind Liebesbeziehungen zu freigelassenen Sklavinnen *(libertinae)*, mit denen, solange sie unverheiratet sind, keine justitiable Unzucht möglich ist (1,33 f.)[4]:

nos Venerem tutam concessaque furta canemus
inque meo nullum carmine crimen erit

Wir werden [juristisch] unbedenklichen Liebesgenuß und erlaubte Heimlichkeiten besingen, und in meinem Gedicht wird kein Vergehen Thema sein.

Im übrigen hat Ovid stets nur heterosexuelle Erotik im Blick. Die für die römische Gesellschaft so bedeutsamen Formen der Knabenliebe und der Homosexualität bleiben ausgespart.

Wann ist die ›Ars‹ entstanden? Jede Überlegung dazu hat von der Passage 1, 171–228 auszugehen. Bei der Erörterung der Frage, wo man Frauen zum Ansprechen finden kann, kommt Ovid unter anderem auch auf Veranstaltungen zu sprechen, die bei der Weihung des Tempels des Mars Ultor im Jahre 2 v. Chr. stattfanden. Zu den Feierlichkeiten gehörte damals die Nachbildung einer Seeschlacht (171–174):

quid, modo cum belli naualis imagine Caesar
Persidas induxit Cecropiasque rates?
nempe ab utroque mari iuuenes, ab utroque puellae
uenere atque ingens orbis in Urbe fuit.

Wie war es doch, als kürzlich Augustus bei der Vorführung einer Naumachie persische und athenische Schiffe

[4] Zur Interpretation von ars 1, 31–34 s. insbesondere Stroh (1979) 323–326; s. auch Myerowitz 215 Anm. 40.

miteinander kämpfen ließ? Kamen da doch von beiden Meeren junge Männer, von beiden junge Frauen, und in der Tat war die ganze Welt in der Stadt vertreten.

In der großen Menschenmenge, die damals zusammenströmte, habe man viele Gelegenheiten gehabt, jemanden kennenzulernen. Worauf es jetzt ankommt, ist die Aussage, die Feier habe vor kurzem (»modo«) stattgefunden. Diese Angabe läßt freilich noch einen gewissen Spielraum; eine weitere Eingrenzung der Entstehungszeit wird durch das unmittelbar Folgende möglich (177f.):

ecce parat Caesar domito quod defuit orbi
addere: nunc, Oriens ultime, noster eris.

Seht, Augustus schickt sich an, der eroberten Welt das, was noch fehlt, hinzuzufügen [d.h. die Welteroberung durch Rom zu vervollständigen]. Jetzt, fernster Orient, wirst du unser sein.

Sodann folgt ein Hinweis auf den zwanzigjährigen Augustusenkel Gaius Caesar, der in der ersten Hälfte des Jahres 1 v.Chr. in den Osten aufbrach, um gegen die Parther zu kämpfen. Der Dichter prophezeit ihm in einem langen enkomiastischen Abschnitt einen glänzenden Sieg. Wenn der junge Caesar anschließend seinen Triumph feiere, werde wiederum Gelegenheit sein, Liebesbekanntschaften anzuknüpfen. Entscheidend ist die Aussage, die Expedition gegen die Parther werde vorbereitet. Daraus ergibt sich, daß das erste Buch der ›Ars‹ noch 1 v.Chr. entstanden sein muß. Bei dieser Hypothese wird allerdings vorausgesetzt, daß die Partie 1, 171–228 von Anfang an Bestandteil des Buchs war. Ob diese Prämisse zutrifft, ist umstritten – manche meinen, Ovid habe die fraglichen Verse erst bei einer Überarbeitung eingefügt, so daß mit einer früheren Entstehung von ›Ars‹ I zu rechnen sei[5].

Wie schon die Wahl des Versmaßes signalisiert, knüpft

[5] Mit einer Entstehung von ›Ars‹ I vor 2 v.Chr. rechnen insbesondere Pohlenz 3 und Syme 13f.; die Datierung auf 2 oder 1 v.Chr. vertritt neben vielen anderen Hollis (1977) XIII; 39f.

Ovid mit der ›Ars‹ zunächst einmal an seine bisherige elegische Dichtung an[6]. In den ›Amores‹ ist ja der poetischen Fiktion nach jene Erfahrung *(usus)* niedergelegt, auf die sich der Verfasser der ›Ars‹ nachdrücklich beruft (1,29). Auch hatte Ovid bereits in den ›Amores‹ gelegentlich die Rolle eines *praeceptor amoris* (Erotodidaskalos) angenommen, etwa als er die Geliebte unterwies, wie sie die Wächter täuschen könne oder wie sie sich beim Mahl in Gegenwart ihres Gatten zu verhalten habe (am. 1,4)[7]. So gehört die Fortführung der Liebeselegie zu den konstitutiven Elementen der ›Ars‹. Noch größere Bedeutung hat hier freilich der bereits durch den Titel des Werks markierte Anschluß an die Tradition des Lehrgedichts[8]. Betrachtet man die ›Ars‹ auf der Folie einer Typologie, so repräsentiert dieses Gedicht, wie Bernd Effe überzeugend darlegt, eine spielerische Sonderform, die parodistische Elemente enthält, ohne doch als ganze eine Parodie zu sein [9]. Und woraus resultiert der spielerische Charakter der ›Ars‹? Da ist zum einen wichtig, daß Ovid seinen Gegenstand, das Anknüpfen und Aufrechterhalten einer erotischen Beziehung, ganz so behandelt, als ginge es dabei um eine (in antikem Sinne) wissenschaftliche Disziplin, um ein System von Prinzipien und Regeln. Zum andern läßt sich immer wieder beobachten, wie Ovid Konventionen der ernst-pathetischen Lehrdichtung verspottet; insbesondere liebt er es, die Rolle des Lehrmeisters zu ironisieren.

2. Einzelinterpretationen

Als erstes Beispiel sei der Passus 2,467–492 näher betrachtet[10]. Da wird zunächst eine Kosmogonie vorgeführt, wie sie sich etwa bei Lucrez findet[11], einem Dichter, der sein Werk

[6] Effe 238. Thematische Beziehungen zwischen ›Ars‹ und ›Amores‹ untersucht Holzberg (1981).

[7] Dazu s. insbesondere Küppers 2527–2530.

[8] Zu Ovids Platz in der Geschichte didaktischer Poesie s. vor allem Effe 238–248 und Küppers 2509–2513.

[9] Effe 248.

[10] Zu diesem Abschnitt s. Myerowitz 48–57.

[11] Lucrez 5, 416–508.

geradezu als eine Heilslehre versteht. Am Anfang habe das Chaos gestanden (467f.):

prima fuit rerum confusa sine ordine moles
  unaque erat facies sidera, terra, fretum:

Am Anfang aller Dinge war eine verworrene Masse ohne Ordnung, und ein und dasselbe Bild boten Sterne, Land und Meer.

Dann scheiden sich die Elemente voneinander (469f.):

mox caelum impositum terris, humus aequore cincta est,
  inque suas partes cessit inane chaos:

Alsdann wurde der Himmel über die Erde gestülpt, das Land vom Meer umgürtet, und das wesenlose Chaos löste sich in die jeweils entsprechenden Teile auf.

Als nächstes beginnen sich in dieser Weltordnung die Lebewesen einzurichten (471f.):

silua feras, uolucres aer accepit habendas;
  in liquida, pisces, delituistis aqua:

Der Wald erhielt Tiere, die Luft Vögel, und ihr Fische verstecktet euch im reinen Wasser.

Mit dem nächsten Vers (473) geht der Dichter dann zu den Menschen über. Die Kosmogonie wird nun abgelöst durch die Darstellung der Kulturentwicklung, eines in antiker Literatur vielbehandelten Themas; Ovid schließt sich in der Formulierung eng an Lucrez an[12] (473–476):

tum genus humanum solis errabat in agris
  idque merae uires et rude corpus erat;
silua domus fuerat, cibus herba, cubilia frondes
  iamque diu nulli cognitus alter erat:

[12] Lucrez 5, 925–1160; zu Ovids Lucrez-Imitation s. Sommariva 142–148.

Damals irrte das Menschengeschlecht auf einsamen Gefilden umher, und der Mensch war reine Kraft und ein roher Körper; der Wald war sein Haus, Kräuter seine Speise, Laub sein Lager, und lange war keiner dem anderen bekannt.

Bis hierhin (476) wirkt alles ganz ernsthaft, es scheint sich lediglich um eine ins elegische Versmaß umgesetzte Darstellung zu handeln, wie sie in Hexametern bei Lucrez oder in Prosa bei Cicero stehen könnte. Bei diesen Schriftstellern würde als nächstes die treibende Kraft des Entwicklungsprozesses genannt werden: bei Lucrez *usus* (eine Wiedergabe von χρεία und χρῆσις)[13], bei Cicero *ratio,* die Geistnatur des Menschen[14]. Und was steht bei Ovid?

blanda truces animos fertur mollisse uoluptas:
  constiterant uno femina uirque loco.

Da soll schmeichelnde Lust die trotzigen Herzen erweicht haben: Frau und Mann hatten sich an ein und demselben Ort eingefunden.

Nach Ovid war es also *uoluptas,* die die Menschen zusammengeführt und den Zustand der Unkultur beendet hat. Daß dabei die sinnliche Lust gemeint ist[15], wird aus dem Folgenden ganz deutlich (wiederum sind Wendungen aus Lucrez aufgenommen) (479–488):

quid facerent, ipsi nullo didicere magistro:
  arte Venus nulla dulce peregit opus.
ales habet, quod amet; cum quo sua gaudia iungat
  inuenit in media femina piscis aqua;
cerua parem sequitur; serpens serpente tenetur;
  haeret adulterio cum cane nexa canis;
laeta salitur ouis; tauro quoque laeta iuuenca est;
  sustinet inmundum sima capella marem;

[13] Lucrez 5,1448–1453; vgl. Vergil georg. 1,129–135.
[14] Cicero, De inventione 1,1,2.
[15] Zu Ovids *voluptas*-Begriff s. Myerowitz 50: »artless eroticism which is purely biological«.

in furias agitantur equae spatioque remota
per loca diuiduos amne sequuntur equos:

> Was Frau und Mann zu tun hatten, lernten sie von selbst, ohne Lehrmeister. Und ohne Kunst vollendete Venus ihr süßes Werk. Der Vogel hat sein Liebchen, das Fischweibchen findet mitten im Wasser einen Gefährten seiner Freuden; die Hindin folgt dem Hirsch; die Schlange läßt sich von der Schlange umfassen; in einer Liebesaffäre hängt an der Hündin der Hund; fröhlich läßt sich das Schaf bespringen, am Stier erfreut sich die junge Kuh, die plattnasige Ziege läßt sich den schmutzigen Bock gefallen; Stuten werden bis zur Raserei erregt, und sie gehen durch weit entfernte Gebiete den Hengsten nach, selbst wenn sie von ihnen durch einen Strom getrennt sind.

Daß in diesem ganzen Passus (2,467–488) das ernste Lehrgedicht parodiert wird, braucht man nicht im einzelnen nachzuweisen. Mit einer solchen Klassifizierung ist freilich erst über den Bezug des Textes zu anderen etwas ausgesagt, aber noch nichts über seine spezifische Intention. Welches ist die »Lehre«, die Ovid hier vorträgt? Diese Frage ist vom unmittelbaren Kontext her zu beantworten. Der Kosmogonie geht ein Abschnitt über die Eifersucht der Frau voraus[16]. Mit welchen Mitteln kann der Mann versuchen, die Erregte zu beruhigen? Der Ratschlag des *praeceptor amoris* lautet: indem man sie umarme, küsse und ihr schließlich die »Freuden der Venus« (Veneris gaudia) schenke. Zur Stützung dieser Empfehlung folgt dann jener mit der Kosmogonie einsetzende Passus zur Kulturentwicklung. Schon daß bei der Argumentation solch gewaltiger Aufwand getrieben wird, ist ein Zeichen von Ironie. Inhaltlich geht es darum, das sexuelle Begehren *(voluptas)* als Naturmacht zu erweisen, die die Kommunikation der Liebenden fördert und zwischen ihnen Eintracht stiftet. Dementsprechend lenkt Ovid mit dem letzten Vers (489) zum Ausgang zurück:

[16] Wichtige Bemerkungen zu Ovids Aussagen über weibliche Eifersucht bei Myerowitz 53–56.

ergo age et iratae medicamina fortia praebe!

Wohlan denn! Reiche der Zürnenden starke Arznei!

Bei der Arznei handelt es sich also um eine kräftige Dosis körperlicher Liebe. Interpreten sind hier gern mit dem Etikett »frivol« oder gar »platt« zur Hand. Man sollte indes bedenken, daß Eifersucht *(ira)* nach antikem Verständnis einen Krankheitszustand *(pathos)* darstellt und dementsprechend eine Therapie erfordert. Die Frage, ob Ovids Rezept angemessen ist, möge auf sich beruhen.

Ovids didaktischer Stil sei noch an einer längeren Passage verdeutlicht, dem unmittelbar auf das Prooemium (1,1–34) folgenden Abschnitt 1,35–262[17]. Ganz rasch fällt dabei auf, daß Ovid hier (wie übrigens auch sonst in der ›Ars‹) auf strenge Disposition bedacht ist – einen Gegenstand, der sich gegen eine Systematisierung sträubt, in streng geordneter, geradezu pedantisch anmutender Weise abzuhandeln, hat Ovid offenbar Vergnügen bereitet. Sonst liegt ihm derlei ja ganz fern; in den ›Fasti‹ etwa, dem poetischen Kalender, scheint das Thema eine systematische Behandlung zu fordern, und gerade da hat Ovid sie gemieden. In der ›Ars‹ dagegen gibt er nach dem Prooemium zunächst einmal die Gliederung seines Werkes an. Ganz wie Lucrez dies getan hatte, beginnt Ovid die Inhaltsangabe *(partitio)* mit einem »principio« (1,35–38)[18]:

principio, quod amare uelis, reperire labora,
  qui noua nunc primum miles in arma uenis;
proximus huic labor est placitam exorare puellam;
  tertius, ut longo tempore duret amor.

Erstens bemühe dich, einen Gegenstand für deine Liebe zu finden, der du jetzt als Rekrut zum ersten Mal deinen Dienst antrittst. Die nächste Aufgabe ist, die Frau deiner Wahl durch Bitten zu erweichen; die dritte, (dafür zu sorgen), daß die Liebe lange dauert.

[17] Zu diesem Passus s. insbesondere Hollis (1977) 39–89.
[18] Hollis (1977) 39.

Das Finden und das Geneigtmachen wird Ovid in Buch I behandeln, das Ansichbinden in Buch II – es fehlt in der Disposition also ein Hinweis auf den Inhalt des dritten Buchs. Die einfachste Erklärung dafür ist, daß Ovid zunächst nur die Darstellung für die Männer (I und II) geplant und sich erst später dazu entschlossen hat, diejenige für die Frauen (III) hinzuzufügen[19]. Wenn es sich so verhält, dann bildete ursprünglich sicher der Vers 2,744 (»inscribat spoliis NASO MAGISTER ERAT«) den Abschluß der ›Ars‹, enthält er doch eine Sphragis, ein »Siegel«, wie es am Werkende zu stehen pflegt. Das Distichon 2,745f. wird Ovid später angefügt haben, um den Übergang zu Buch III zu schaffen.

Doch begeben wir uns jetzt auf die Suche nach liebeswilligen Frauen! 1,41–262 erfährt man, wo sie zu finden sind. Wie bei einer Jagd kommt es wesentlich darauf an, die Netze an der richtigen Stelle zu spannen[20]. Keineswegs braucht man zu diesem Zweck in die Ferne zu eilen; Rom selbst bietet alle Gelegenheiten, die man sich nur wünschen kann: »quot caelum stellas, tot habet tua Roma puellas« (Soviel Sterne der Himmel, soviel Frauen hat dein Rom, 59; der Schüler ist angeredet). Wie sollte es auch anders sein? Rom leite sich ja von Venus her: Ihr Sohn Aeneas war es, der die Gründung Roms, wenn nicht selber vollzogen, so doch vorbereitet hat. Dementsprechend heißt es V.60: »mater in Aeneae constitit urbe sui« (Die Mutter hat in der Stadt ihres Aeneas ihr Standquartier aufgeschlagen). Daß die Römer, als Nachfahren des Aeneas, letztlich von Venus abstammen – dies hatte Vergil in seinem Epos angelegentlich herausgehoben, und auf die Abkunft von Venus legte das julische Herrscherhaus besonderen Wert. Ovid nun faßt den göttlichen Zusammenhang von einer ganz anderen Seite her: Dieser Genealogie verdanke es Rom, die Hauptstadt der sinnlichen Liebe zu sein – eine keck-ironische Umformulierung der traditionellen Rom-Idee[21].

Und dann betrachtet Ovid in klarer Ordnung einzelne

[19] Hollis (1977) XII–XIII und 39. Zur Datierung von ›Ars‹ III s. Murgia.

[20] Zu den in der ›Ars‹ verwendeten Bildern aus der Welt der Jagd (und des Ackerbaus) s. Leach.

[21] Vgl. Hollis (1977) 43: »irreverent associations«.

Stätten Roms nacheinander, nicht etwa mit dem Ziele, die Schönheit der ewigen Stadt zu rühmen, sondern er untersucht sie daraufhin, wieweit sie als Jagdgründe geeignet sind – öffentliche Bauten, das Forum, vor allem aber die Theater (1,89 f.):

sed tu praecipue curuis uenare theatris:
haec loca sunt uoto fertiliora tuo.

Aber du geh vor allem im Rund des Theaters auf Jagd:
Dies Gebiet ist ergiebiger, als du es dir wünschst.

»Praecipue« ist wiederum ein Wort, das zum sprachlichen Arsenal didaktischer Poesie gehört.

Die Auswahl an Frauen sei im Theater riesengroß: »spectatum ueniunt; ueniunt, spectentur ut ipsae« (Um zu schauen, kommen sie; sie kommen, um sich selbst anschauen zu lassen), heißt es besonders pointiert 1,99.

Daß Rom für die Liebe ein geeigneter Platz ist, hatte Ovid zuvor von der Ahnenschaft der Venus her illustriert. Jetzt, im Falle des Theaters, kann er eine andere Erklärung dafür geben, daß man es mit einem traditionell guten Reservoir an Frauen zu tun hat. Es ist dies die Geschichte, wie die Römer unter Romulus die Sabiner zu Spielen einluden und dann im Theater die Frauen raubten[22]. Nicht allzu lange Zeit vor Ovid, gegen Ende der dreißiger Jahre, hatte der Historiker Livius diese Geschichte erzählt und das Ereignis als wichtige Etappe in Roms Geschichte gewürdigt (1,9). Bei Ovid nun dient es zur Begründung seiner Empfehlung, eine Geliebte im Theater zu suchen. Und in solchem Zusammenhang erscheint dann auch bei ihm – wie bei Livius oder wie bei Properz in Buch IV[23] – der Gegensatz zwischen dem damaligen und dem heutigen Aussehen der Stätten Roms: Unter Romulus, so heißt es, sei das Theater noch sehr einfach gewesen, habe es noch kein Sonnensegel gegeben, auch noch keinen kunstvollen Bühnenaufbau (1,103–114).

[22] Zu Ovids Darstellung des Raubs der Sabinerinnen s. Wardman; Hollis (1977) 51–58; Myerowitz 61–67.

[23] Zum Einst-Jetzt-Motiv bei Properz s. Becker 450–457.

Eingeleitet wird die ausführliche Erzählung vom Raub der Sabinerinnen mit einer feierlichen Apostrophe an Romulus (1,101), und sie endet auch mit einer solchen Apostrophe an ihn (1,131) – das Ganze erhält damit einen Charakter, der dem Hymnischen angenähert ist. Mit der Wahl solch feierlicher Form hat es wiederum eine besondere Bewandtnis. Zu Ovids Zeit spielte die Gestalt des Romulus in der politischen Propaganda eine besondere Rolle: Augustus ließ sich als zweiten Gründer der Stadt Rom, als zweiten Romulus feiern. Der zeitgenössische Leser wird es als ironische Distanzierung empfunden haben, wenn der Dichter der ›Ars‹ Romulus mit gespielter Feierlichkeit allein für den erotischen Bereich in Anspruch nimmt[24].

Als nächstes erfährt man bei Ovid, welche günstigen Gelegenheiten sich beim Pferderennen ergeben. Es herrsche da ein solches Gedränge, daß man ganz nahe bei den Frauen sitzen könne, gar keine geheimen Verabredungen nötig habe und sich ein Gespräch von selbst ergebe; man habe nichts weiter zu tun, als zu schauen, auf welchen Reiter die Auserwählte setze, und diesem Reiter dann zuzujubeln – damit sei schon viel gewonnen (135–170)[25].

Als eine weitere Gelegenheit nennt Ovid dann etwa noch den Triumphzug; es ist dies der Passus, worin er auf den erwarteten Sieg des Augustusenkels zu sprechen kommt (171–228). Freilich – daß in kriegerischen Taten eine eigene Leistung steckt, darüber fällt kein Wort. Die ganze Veranstaltung scheint ihren Sinn nur darin zu haben, daß man beim Anschauen eines solchen Zugs mit einer Frau ins Gespräch kommen kann, das durch ihn Symbolisierte ist dabei gleichgültig. Ja, Ovid gibt ausdrücklich den Rat, für den Fall, daß man auf die Frage der Frau keine Antwort wisse, einfach etwas zu erfinden (228). Auch mit einer solchen Empfehlung wird der feierliche Ernst, in dem etwa Lucrez und Vergil jeweils ihre Lehre vortragen, ironisiert.

So hat sich mehrfach gezeigt, wie respektlos Ovid nicht allein mit der literarischen Tradition umgeht, sondern auch

[24] Zu politischen Implikationen von Ovids Darstellung s. vor allem Myerowitz 66f.

[25] Eine wichtige Analyse dieses Abschnitts (der sich mit am. 3,2 berührt) gibt Merkle.

mit Dingen, die der offiziellen Politik wichtig waren. Wenn solch souveräne Spottlust, solches Spiel der Ironie ein »Vergehen« *(crimen)* ist – dann allerdings hat sich Ovid mit der ›Ars‹ eines Vergehens schuldig gemacht.

VI. Metamorphoses

1. Allgemeines

Ovids reichstes und berühmtestes Werk, das Epos ›Metamorphoses‹[1], umfaßt 15 Bücher, rund 12000 Hexameter; an die 250 Verwandlungssagen werden darin erzählt. Manches in Ovids früheren Werken weist auf die ›Metamorphosen‹ voraus. Begonnen hatte Ovid mit Einzelelegien, in denen zwar das Verhältnis des Sprechenden zur Geliebten im Zentrum stand, aber doch gelegentlich auch ein Sagenstoff behandelt wurde; am. 1,13, die Aurora-Tithonus-Elegie, ist ein wichtiges Beispiel. Mit den dann folgenden Dichtungen bezog Ovid immer stärker Mythisches in die Darstellung ein. Zuletzt hat er in der ›Ars amatoria‹ mehrere große Sagen erzählt[2], drei besonders ausführlich: Bacchus und Ariadne (ars am. 1,525–564), Daedalus und Icarus (2,21–96), Cephalus und Procris (3,685–746). Von diesen Erzählungen ist bezeichnenderweise eine (die zu Daedalus und Icarus) gar nicht mehr unmittelbar auf das zentrale Thema der ›Ars‹ bezogen. Allein dies signalisiert, daß die Gestaltung des Mythos sich zu verselbständigen beginnt; dieselbe Tendenz zeigt sich auch in der jeweiligen Anlage dieser Erzählungen. So ist im Gang von Ovids Schaffen das mythische Thema immer wichtiger geworden.

Als Ganzes und in zahllosen Einzelheiten haben die ›Metamorphosen‹ immer wieder Literatur und bildende Kunst

[1] Die Literatur zu den ›Metamorphosen‹ ist kaum noch zu überschauen. Hilfreiche Bibliographien: Elliot (1980): Bibliographie raisonnée für Literatur der Jahre 1968–1978; Hofmann (1981) für die Jahre 1950–1979; Holzberg (1988) 735–747 (sehr gute Auswahl). Von Monographien und einführenden Darstellungen zu den ›Metamorphosen‹ insgesamt seien genannt: Kraus (1942) 1937–1950; überarbeitete Fassung 1968: 104–122; Fränkel 80–120; Otis (1970); von Albrecht (1971); Due; Galinsky (1975); Boillat; Barsby (1978) 31–40; Knox (1986); Mack 99–144; Solodow (1988); Holzberg (1988) 713–734: zugleich eine Einführung in die moderne Forschung. Unentbehrlich ist der sieben Bände umfassende Kommentar von Franz Bömer. Zitiert wird aus den ›Metamorphosen‹ im folgenden nach der Ausgabe von Anderson (1977; 5. Aufl. 1991).

[2] Zu den mythologischen Beispielen in der ›Ars‹ s. Watson (1983/I); Weber.

zu beeinflussen vermocht[3]. Zugleich markiert das Werk innerhalb der Geschichte der Mythologie in der Antike einen Wendepunkt – niemals mehr sollte es später ein derart schöpferisches Umgehen mit dem Ganzen der tradierten Sagenwelt geben. Daß nach den Ovidischen ›Metamorphosen‹ noch sorgfältige Sammlungen griechischer und lateinischer Mythen entstanden sind[4], widerlegt diese Behauptung nicht, bestätigt sie vielmehr.

Wann Ovid mit der Niederschrift der ›Metamorphosen‹ begonnen hat, steht nicht fest[5]. Wie weit war das Werk gediehen, als der Dichter im Jahre 8 n. Chr. aus Rom entfernt wurde? Ovid selbst stellt es trist. 1,7 folgendermaßen dar: Als ihn der kaiserliche Bannstrahl traf, sei die Arbeit noch nicht abgeschlossen gewesen; so bezeichnet er die ›Metamorphosen‹ als ein »adhuc crescens et rude carmen« (ein noch wachsendes und ungefüges Gedicht, 22). Eben weil ihm der Abschluß nicht vergönnt gewesen sei, aber auch weil ihm durch die Entscheidung des Kaisers die Musen überhaupt fremd geworden seien, habe er das Gedicht im Jahre 8 n. Chr. den Flammen übergeben. Allerdings seien damals bereits mehrere Abschriften im Umlauf gewesen. Diese Darstellung wirft die eine oder andere Frage auf. Abschriften pflegen kaum von unfertigen, noch im Entstehen begriffenen Dichtungen hergestellt zu werden. Und welchen Sinn hätte es gehabt, von einem bereits mehrfach kopierten Werk das Grundexemplar zu vernichten? Doch was immer man von Ovids Aussagen im einzelnen halten mag, so viel ist deutlich, daß hier jemand strenge Maßstäbe an sein Werk legt. Ovid kommt es vor allem darauf an, den Leser

[3] Zur Rezeption der ›Metamorphosen‹ s. das überaus hilfreiche Verzeichnis von Untersuchungen der Jahre 1950–1979 bei Hofmann (1981) 2214–2245; aus jüngerer Zeit ist v. a. der von Martindale herausgegebene Band ›Ovid renewed‹ (1988) zu nennen.

[4] Genannt seien ›Apollodori Bibliotheca‹ (wohl 1. Jh. n. Chr.); Antoninus Liberalis (wohl 2. Jh. n. Chr.) und »Hyginus« (ebenfalls 2. Jh. n. Chr.).

[5] Verbreitet ist die von Pohlenz (1913) entwickelte Ansicht, Ovid habe mit der Ausarbeitung der ›Metamorphosen‹ nach Vollendung der ›Ars‹ im Jahre 1 v. Chr. begonnen – zwingende Gründe dafür gibt es freilich nicht. Ein schwieriges Problem stellt ferner das zeitliche Verhältnis zwischen den ›Metamorphosen‹ und den ›Fasti‹ dar; die communis opinio, beide Werke seien gleichzeitig entstanden, ruht keineswegs auf sicherer Grundlage: Bömer (1988).

wissen zu lassen, daß den ›Metamorphosen‹ die letzte Feile fehlt[6].

Will man bei den einzelnen Episoden der ›Metamorphosen‹ das für Ovid Charakteristische bestimmen, so kommt man nicht daran vorbei, die früheren, vom Dichter gekannten und benutzten Gestaltungen des Mythos zum Vergleich heranzuziehen. Dank intensiver Forschung in der ersten Jahrhunderthälfte steht inzwischen für die meisten der Ovidischen Sagenerzählungen fest, welche älteren Versionen ihnen zugrundeliegen[7]. Der Vergleich mit den Vorlagen ist freilich noch keineswegs in allen Fällen so intensiv geführt worden, wie dies möglich wäre.

Für sein Werk hat Ovid eine imponierende Zahl früherer Sagendarstellungen eingesehen. Nur ein paar der poetischen Gestaltungen seien beispielshalber angeführt.

Aus griechischer Dichtung ist besonders herauszuheben der ins zweite vorchristliche Jahrhundert gehörende Nikander von Kolophon mit seinem Werk ›Heteroiumena‹; das hexametrische Gedicht umfaßte immerhin fünf Bücher. Bis auf geringe Reste ist heute alles verloren, aber einem glücklichen Umstand verdankt man es, daß sich von Nikanders Werk gleichwohl eine gewisse Vorstellung gewinnen läßt. Ein für sich betrachtet farbloser Prosaschriftsteller, der Mythograph Antoninus Liberalis, hat eine große Zahl von Nikanders Verwandlungsgeschichten nacherzählt: Rund 25 der Mythen aus Antoninus' Sammlung stammen von Nikander; gesichert wird dies durch Subskriptionen im einzigen Codex. Für Nikander läßt sich nun erkennen: Es war ihm nicht allein die Sage selbst wichtig, sondern er gab zunächst einmal eine Genealogie, nannte also Eltern und Herkunft der betreffenden Personen. Vor allem aber spielten Götterfeste und lokale Kulte eine besondere Rolle. Die jeweilige Erzählung gibt also Antwort auf Fragen wie: Warum wird in der oder jener Stadt ein Gott, der allen Griechen gemeinsam ist, unter einem besonderen Namen verehrt, den man sonst nir-

[6] Auf diesen Mangel weist er trist. 1,7,27–40 nachdrücklich hin.

[7] Herauszuheben sind die Untersuchungen von Lafaye (1904) und Castiglioni (1906); s. ferner die jeweiligen Erörterungen bei Bömer (1969–1986) und Otis (1970) 375–423.

gends antrifft? Woher stammt ein berühmtes Fest? Wie ist es zu einer bestimmten Form von Wettspielen gekommen? So ging es wesentlich um Aitiologie; im Zentrum standen dabei die Ursprungserklärungen für Paradoxes in Namen, Naturerscheinungen und Bräuchen. Dem literarischen Charakter nach handelt es sich bei Nikanders Werk um ein Kataloggedicht (gelegentlich spricht man auch von Kollektivgedicht).

Ebenfalls Katalogform hatten die ›Metamorphoseis‹ des Parthenios, der um 73 v. Chr. nach Rom kam; geschrieben war das heute verlorene Werk wohl in elegischen Distichen. Fest steht immerhin, daß es die Erzählung von Nisus' Tochter Scylla und ihrer Liebe zum feindlichen König Minos enthielt (bei Ovid wird dies im 8. Buch erzählt). Mit Nikander verbindet Parthenios, daß er Metamorphosen ganz heterogener Art in seinem Gedicht behandelte.

Neben diesen beiden Werken gab es aber auch solche, in denen eine bestimmte thematische Auswahl getroffen war. Hier ist vor allem die ›Ornithogonia‹ zu nennen, die einer Boio oder auch einem Boios zugeschrieben wird. Auch dies Gedicht ist verloren, aber wiederum hat man durch Auszüge bei Antoninus Liberalis einen gewissen Ersatz. Es geht bei jeder Geschichte um die Verwandlung eines Menschen in einen Vogel.

Dieses Gedichts hat sich in Rom Aemilius Macer angenommen, der wohl bereits 16 v. Chr. verstorbene Jugendfreund Ovids. Macers ›Ornithogonia‹ ist verschollen, und es bleibt unklar, wie er das griechische Werk ins Lateinische transponiert, ob er es in eigenständiger Weise nachgeahmt oder lediglich übersetzt hat. Gewiß bildete Macers Werk nicht den Hauptanstoß für Ovid, aber man darf doch festhalten, daß er bereits in seiner Jugend mit einer poetischen Sammlung von Verwandlungsgeschichten in Berührung gekommen ist.

Mit seinem eigenen Werk nun geht Ovid stofflich weit über das hinaus, was Frühere gewagt hatten – kein Dichter vor ihm hat den Bogen der Sagendarstellung derart weit gespannt. Gibt es Typen von Verwandlungen, die Ovid bevorzugt? Dieser Frage ist kurz nachzugehen.

Im letzten Buch läßt Ovid (sich über die Chronologie souverän hinwegsetzend) den Philosophen Pythagoras vor dem zweiten römischen König, Numa Pompilius, einen über vierhundert Verse langen Lehrvortrag halten (15,60–478)[8]. Darin entwickelt Pythagoras unter anderem das Prinzip eines ununterbrochen wirksamen, ewigen Wandels, der die verschiedensten Phänomene erfasse und das Erlöschen, den Tod überspiele. Dies Gesetz formuliert er im Verlauf seiner Darlegung gleich mehrfach, wobei er jeweils einen anderen Akzent setzt. Da heißt es etwa 177f.:

> ... nihil est toto, quod perstet, in orbe,
> cuncta fluunt omnisque uagans formatur imago.

> Nichts gibt es in der ganzen Welt, das Bestand hätte; alles fließt, und jede Erscheinung gewinnt Gestalt während unruhiger Bewegung.

Das gelte, so fährt Pythagoras fort, etwa für die Zeit: Sie sei in unaufhörlichem Fluß und bleibe niemals stehen. Das gelte ebenso für die Elemente Erde, Feuer, Wasser und Luft – wieder und wieder gingen sie ineinander über. Und an anderer Stelle wird der Grundgedanke so gefaßt (15, 252–257 a):

> nec species sua cuique manet rerumque nouatrix
> ex aliis alias reparat natura figuras
> nec perit in toto quicquam, mihi credite, mundo,
> sed uariat faciemque nouat nascique uocatur
> incipere esse alius, quam quod fuit ante, morique
> desinere illud idem.

> Keinem Ding bleibt seine Erscheinung erhalten; und die ewig schöpferische Natur läßt immer neue Gestalten aus den anderen hervorgehen, und – glaubt mir – in der ganzen Welt geht nichts zugrunde, sondern es wandelt sich und erneuert sein Gesicht; und »geboren werden« heißt »beginnen, etwas anderes zu sein als vorher«, und »sterben« heißt »aufhören, dasselbe zu sein«.

[8] Die Frage, ob Pythagoras' Darlegung gleichsam den Schlüssel zum Verständnis der ›Metamorphosen‹ bietet, wird in der Ovidforschung sehr unterschiedlich beantwortet; verwiesen sei auf Haege 263–287 und Colavito (die gesamten ›Metamorphosen‹ ruhten auf der Grundlage pythagoreischer Epistemologie).

Auf eine Formel gebracht bedeutet das: »omnia mutantur, nihil interit« (alles wandelt sich, nichts geht unter, 165).

So läßt Ovid hier den Naturphilosophen das Prinzip eines alles erfassenden Wandels entwickeln. Mit ihrem Anspruch auf Totalität bildet nun diese Darlegung eine Folie für die Art und Weise, wie sich der Poeta als Erzähler von Metamorphosen verhält. Im Unterschied zu Pythagoras trifft er eine strikte Auswahl: Von den kosmischen Geschehnissen einmal abgesehen, lenkt er den Blick ganz und gar auf die Verwandlung einzelner Personen.

Dabei beobachtet er vor allem drei Endstufen: wie sich ein menschliches Wesen in einen Bestandteil der unbelebten Natur oder des Pflanzenreichs oder der Tierwelt verwandelt. Insofern der Vorgang der Metamorphose geeignet ist, das Zustandekommen des betreffenden Naturphänomens zu erklären, handelt es sich um den etwa bei Nikander von Kolophon begegnenden aitiologischen Typus. Ein wesentlicher Unterschied zu Nikander besteht freilich darin, daß es dem Ovidischen Erzähler, was die Gewichtung der einzelnen Komponenten betrifft, nicht um Erklärung bestimmter Erscheinungen zu tun ist, sondern daß sein vornehmliches Interesse jenen Kräften im Innern des Menschen gilt, die die Verwandlung bedingen und steuern. Im Schicksal der Arachne, das Ovid 6, 1–145 erzählt, zeigt sich das für ihn Entscheidende in exemplarischer Weise[9]. Die Lyderin Arachne, Tochter aus einfachem Hause, beherrscht die Fertigkeit des Webens geradezu meisterlich. Sogar mit der Göttin Minerva meint sie es aufnehmen zu können – so sicher ist sie sich ihres Könnens. In solcher Herausforderung der Gottheit wird freilich offenkundig, daß Arachne das Weben zum einzigen Inhalt ihres Lebens gemacht hat. Es kommt nun zu einem Wettstreit mit Minerva, und die Webarbeit, die Arachne dabei zustandebringt, ist schlechthin vollkommen – nicht einmal die Göttin findet etwas daran auszusetzen. Freilich, über der Einsinnigkeit ihres Trachtens, der völligen Einseitigkeit ihrer Lebensführung hat Arachne das Menschsein eingebüßt. So wird sie in ein Tier verwandelt, in

[9] Zur Interpretation der Arachne-Erzählung s. von Albrecht (1984); Lausberg (1985/II); Hofmann (1986) 230–234; Lausberg und Hofmann sehen in der Erzählung Ovids poetologisches Programm impliziert.

eine Spinne (*aranea*), ist deren Verhaltensmuster doch für alle Zeit festgelegt.

Der Verwandlungstypus, wie er in der Arachne-Geschichte repräsentiert ist, spielt bei Ovid die weitaus größte Rolle. Daneben finden sich vor allem noch Vergöttlichungen. Bei folgenden Gestalten wird eine Apotheose geschildert: Hercules (9, 134–272), Aeneas (14, 581–608; in Vergils »Aeneis« war sie lediglich prophezeit worden), Romulus (14, 805–828), Aesculap (15, 622–744), Iulius Caesar (15, 745–851); antizipiert hat Ovid schließlich die Apotheose des Augustus, und zwar gleich zweimal (15, 447–449 und 868–870). Des weiteren erscheinen etwa noch Metempsychosen: So lebt der von seinen Pferden getötete Hippolytus – dank der Seelenwanderung – als eine der niederen Gottheiten, als Virbius, weiter, wie er selbst erzählt (15, 492b–546).

So entwirft Ovid mit der kaleidoskopartig bunten Folge von Metamorphosen ein gewaltiges Panorama menschlicher Einzelschicksale. Gibt es etwas, das die verschiedenartigen Teile zu einem Ganzen werden läßt? Die Antwort auf diese Frage hat am überzeugendsten G. K. Galinsky formuliert, als er die ›Metamorphosen‹ als »depiction of the whole range of human nature« charakterisierte[10]. Näherhin ist es die Vielfalt sich in Verwandlungsgeschichten offenbarender psychischer Konstellationen und Vorgänge, die den Ovidischen Erzähler am meisten fesselt, insbesondere das reiche Spektrum solcher seelischer Konflikte, die durch starke Kräfte wie Begehren, Liebe, Eifersucht ausgelöst und gesteuert werden. Das nie erlahmende Interesse an psychischen Phänomenen ist es, das die ›Metamorphosen‹ als Ganzes prägt und die innere Einheit des monumentalen Werks verbürgt.

Von seinen Vorgängern unterscheidet sich Ovid nun nicht bloß im Umfang seiner Dichtung, in der Vielzahl der dargestellten Verwandlungssagen und in der Handhabung des Metamorphosenbegriffs, er beschreitet auch bei der Gesamtanlage seines Opus einen neuen Weg. Bei den früheren Metamorphosendichtungen ist nämlich – soweit sich von deren fragmentarischem Erhaltungszustand her überhaupt urteilen läßt – für die Anordnung der verschiedenen Sagen stets ein systematischer Gesichtspunkt leitend, d.h. den Ausschlag

[10] Galinsky (1975) 45.

gibt die Endstufe der von Verwandlung Betroffenen: Sind es Götter oder Menschen oder sonst etwas? Dagegen ist bei Ovid der Aufbau chronologisch. Dies neue Moment, dieser neue Grundgedanke wird gleich zu Beginn des Werks ausgesprochen, in dem kurzen Prooemium. In engem Anschluß an Joachim Latacz' Interpretation[11] sei es jetzt betrachtet (1,1–4):

> In noua fert animus mutatas dicere formas
> corpora: di, coeptis (nam uos mutastis et illa)[12]
> adspirate meis primaque ab origine mundi
> ad mea perpetuum deducite tempora carmen.

Zunächst gibt der Dichter an, welches Thema er bearbeiten möchte: »Es drängt mich, Gestalten, die in neue Wesen verwandelt wurden, zu besingen.« Die Aussage zielt auf eine Vielheit von Formen, Gestalten (formae); deren jeweilige Verwandlung soll der Gegenstand sein. Damit wird ein explizierendes Sachgedicht (Latacz spricht von einem Sach-Epos) angekündigt, wie es etwa durch Hesiods ›Theogonie‹ repräsentiert ist.

Es folgt die Bitte an die Götter um Inspiration: »Götter, begünstigt mein Beginnen (denn ihr habt auch jene [Körper] verwandelt).« Die bei solchen Götteranrufungen übliche Nennung des Grunds erfolgt hier in einer Parenthese, einer bei Ovid besonders beliebten syntaktischen Form[13]. Der Sinn ist: So wie die Götter seinerzeit die Verwandlungen bewirkt haben, sollen sie dem Dichter jetzt helfen, die Verwandlungen im Gedicht darzustellen. Bei der Formulierung dieser Bitte bedient sich Ovid einer Metapher aus dem Bereich der Seefahrt: »adspirate« – »blast meinem Unternehmen günstigen Fahrtwind zu.«

Doch damit ist die Apostrophe an die Götter noch nicht beendet – es folgt der Teil, der das Neuartige von Ovids Epos hervortreten läßt: »und geleitet mein ›perpetuum car-

[11] Latacz (1979/I) 18–32; Latacz (1979/II) 137–146.

[12] In V. 2 ist die mittelalterliche Variante »illa« der in den meisten Handschriften und Ausgaben (auch bei Anderson) erscheinenden Lesart »illas« vorzuziehen: Knox (1986) 9.

[13] Zu Ovids Gebrauch der Parenthese in den ›Metamorphosen‹ s. von Albrecht (1963).

men‹ (ununterbrochen fortgeführtes Gedicht) vom ersten Ursprung des Kosmos bis auf meine Zeit herab«. Das Verb »deducere« setzt dabei die Schiffahrtsmetaphorik fort: »lenkt mein Gedicht gleichsam vom hohen Meer, d.h. vom Urbeginn der Welt, hinunter ›in den Hafen‹ meiner eigenen Zeit«[14]. Die Götter sollen den Dichter also inspirieren, indem sie ihm bei der Entfaltung seines Themas beistehen. Daß diese Entfaltung diachronisch geschehen soll, ist eben das Neue. So liegt mit den ›Metamorphosen‹ eine Kombination aus (explizierendem) Sachgedicht und (erzählendem) Epos vor. Dabei soll von der Urzeit der Welt, von der Schöpfung bis zur eigenen Gegenwart, bis zur Herrschaft des Augustus ein ununterbrochener Zusammenhang hergestellt werden – dies ist der Sinn der Junktur »perpetuum carmen«. Die Formulierung selbst stellt ein Zitat dar, und zwar aus Kallimachos' Prolog zu seinen (elegischen) ›Aitia‹. Kallimachos erklärt dort, man tadele ihn, weil er nicht bereit sei, ἓν ἄεισμα διηνεκές zu schaffen, d.h. ein Gedicht mit kontinuierlicher Handlung in der Art des Homerischen; was Kallimachos vorschwebt, ist hingegen ein aus vielen Einzelsegmenten zusammengesetztes, wesentlich kürzeres, bis ins Detail ausgefeiltes Werk. Wenn Ovid nun als sein Ziel angibt, gerade jenen Typus von Gedicht zu realisieren, den Kallimachos als problematisch gekennzeichnet hatte, so bedeutet dies nicht, daß er sich in programmatischer Gegnerschaft zu Kallimachos befindet. Ovids ›Metamorphosen‹ zeigen ja gerade darin strukturelle Verwandtschaft mit Kallimachos' ›Aitia‹, daß sie eine Vielheit und Vielfalt von Einzelphänomenen darstellen. Mit jenem Zitat aus Kallimachos (»perpetuum carmen«) gibt Ovid vielmehr zu verstehen, daß es ihm gelungen ist, das von Kallimachos markierte Problem aus der Welt zu schaffen: Möglich sei dies eben aufgrund seiner poetischen Konzeption, die Sachthema und Diachronie miteinander verbinde. Joachim Latacz formuliert es pointiert so: »Ovid will nicht der römische Antikallimachos sein, sondern der römische Überkallimachos.«[15]

[14] Mit dem Wort »deducere« zielt Ovid wohl zugleich auf den Typus des »deductum carmen«, also des im Sinne von Kallimachos' Aitienprolog »feingewirkten Gedichts«: Hofmann (1986) 224; Knox (1986) 10f.

[15] Latacz (1979/I) 30; Latacz (1979/II) 145.

So legt Ovid mit den ›Metamorphosen‹ ein episches »Sammelgedicht«[16] vor, zu dessen innerer Geschlossenheit das Prinzip der Diachronie[17] wesentlich beiträgt. Der Verlauf der »Weltgeschichte« erscheint in diesem Werk als ununterbrochene Kette analoger Geschehnisse. Freilich läßt sich Ovid nicht von einem genuin historischen Interesse leiten. Es kommt ihm vielmehr allein auf zeitliche Totalität an: »ab origine mundi/ad mea ... tempora« (1,3f.). Ohne daß er etwa die jeweiligen Grenzen markiert hätte, läßt er drei große Phasen aufeinanderfolgen: die götterzeitliche, die heroenzeitliche und die in engerem Sinne geschichtliche; die letzte mündet ihrerseits in die »römische Geschichte«[18].

Das Prinzip einer das Ganze der Zeit umfassenden Abfolge auf die Darstellung von Metamorphosen anzuwenden, war gewiß nichts Leichtes. Wieweit etwa mythographische Handbücher Ovid vorgearbeitet und einzelne Mythen oder einzelne Mythenkreise in einen chronologischen Zusammenhang gebracht hatten, läßt sich heute nicht mehr erkennen. Mußte es schon schwierig sein, die beiden ersten Phasen, die Götter- und die Heroenzeit, als eine kontinuierliche Reihe von Metamorphosen zu erzählen, so waren die Probleme im Falle der im engeren Sinne historischen Phase wohl noch größer. Wie Ovid bei der Behandlung der römischen Geschichte vorgegangen ist, soll eine paraphrasierende Betrachtung des Abschnitts 15, 479–860 verdeutlichen[19].

Aus der Frühzeit Roms behandelt Ovid ausführlich nur die ersten beiden Könige, Romulus und Numa Pompilius. Mit Numa verknüpft er die Metamorphose des Hippolytus: Als die Gattin des Königs, Egeria, über den Tod ihres Mannes trauert, sucht Hippolytus sie zu trösten, indem er ihr von seinem eigenen Schicksal und seiner Verwandlung in Virbius erzählt. Doch auch auf diese Weise wird Egerias

16 Der Terminus »Sammelgedicht« erscheint etwa bei Kraus (1942) 1938 (= Kraus 1968, 105).

17 Von »chronologie légendaire« spricht zu Recht Pierre Grimal (1958).

18 Mit dem Hinweis auf die Abfolge dreier Epochen ist ein Element des »Aufbaus« der ›Metamorphosen‹ berührt. Dies überaus komplexe Problem soll hier nicht behandelt werden; statt dessen seien drei einschlägige Arbeiten herausgehoben: Guthmüller (1964): auf den Seiten 1–12 eine ausgezeichnete Darstellung der vorausgehenden Forschung; Rieks (1980); Crabbe (1981); wichtig ferner die Bemerkungen bei Holzberg (1988) 715–717.

19 Zur Interpretation dieses Abschnitts s. Knox (1986) 75–80.

Schmerz nicht gelindert; schließlich verwandelt die »Schwester Apollos« (Diana, 15, 550) die Weinende in eine Quelle. Über den wunderbaren Vorgang staunen die Nymphen – so wie Cipus staunt, als er erlebt, wie ihm an der Stirn Hörner (als Symbol der Stärke und Macht) wachsen[20]. Dies Wunderzeichen deutet darauf hin, daß es Cipus vom Schicksal bestimmt ist, König von Rom zu werden. Da er aber die Herrschaft nicht antreten will, verläßt Cipus freiwillig die Stadt. Ein Anruf an die Musen (15,622–625) leitet dann über zu der Erzählung, wie der Kult des Heilgottes Aesculap in Rom heimisch wurde. Er ist ein Sohn Apollos, und Apollo mit seinen Taten, mit seinen Verwandten spielt überhaupt in diesem 15. Buch eine besondere Rolle[21]. Aesculap, so heißt es dann in einer der zahlreichen, höchst knappen Überleitungen, hat aus der Fremde den Weg zu den römischen Tempeln gefunden – Iulius Caesar dagegen ist Gott in der eigenen Stadt (»Caesar in urbe sua deus est«, 15, 746). Im Krieg wie im Frieden hat Caesar viel geleistet, doch die bedeutendste seiner Taten (acta, 15, 750) war es, daß er (durch Adoption) Vater des Augustus wurde. Mit dem Regiment des Augustus haben die Götter die Welt überreich gesegnet. Damit nun Augustus nicht bloß von menschlicher Abkunft sei, mußte Caesar zum Gott erhoben werden (15, 760f.). Sobald Venus, die Stammutter des julischen Geschlechts, erkennt, daß ihrem Caesar die Ermordung droht, wendet sie sich an Jupiter mit der Bitte, die Schwerter von ihm fernzuhalten. Das kann Jupiter freilich nicht tun. Aber damit sie sich beruhige, dürfe sie jene Erztafeln betrachten, auf denen künftiges Schicksal eingetragen sei: Da könne sie lesen, wie Caesar von Augustus gerächt werde. Das Ganze mündet so in eine Huldigung an Augustus – wie bei Vergil im ersten Buch der Aeneis, nach dessen Vorbild hier vieles gestaltet ist. Schließlich entreißt Venus dem ermordeten Caesar die Seele und verwandelt sie in einen Stern am Himmel. Aus der Höhe sieht Caesar die Taten seines Adoptivsohnes und freut sich, von ihm übertroffen zu werden (15, 843–851).

Schon diese knappe Skizze vermittelt einen Eindruck da-

[20] Zur Bedeutung der Cipus-Episode s. Galinsky (1967).

[21] In seinem Aufsatz über die Darstellung Apollos in den ›Metamorphosen‹ geht Le Bonniec (1985) leider nicht auf Buch 15 ein.

von, wie spielerisch die Übergänge zwischen den einzelnen Episoden sein können[22]. Im ganzen ist Ovid so verfahren, daß er von den Anfängen Roms, von Romulus und Numa, über nur ganz wenige Zwischenstufen zu seiner Gegenwart übergeht. In der Tat ließen sich für die rund sieben Jahrhunderte nur wenige Ansatzpunkte zur Darstellung von Metamorphosen finden. Und doch ist es Ovid in diesem Buch gelungen, den Eindruck hervorzurufen, daß die Geschehnisse in Rom auf den Principat des Augustus zulaufen und in ihm kulminieren. Dank solcher Suggestion empfindet der Leser das Ende des fünfzehnten Buchs zugleich als inneren Abschluß des Ganzen. Ovid ist so der Gefahr entgangen, der etwa der große Epiker Ennius (239–169 v. Chr.) mit seinem Werk ›Annales‹ nicht entgangen war: daß sich sein Epos wie eine Chronik beliebig fortsetzen ließ. Die Gestalt des Augustus hatte Ovid ja bereits im ersten Buch durch einen panegyrischen Passus herausgehoben: Als seinerzeit Jupiter von dem Frevler Lycaon bedroht worden sei, habe seine Umgebung genauso empört reagiert wie später bei dem Anschlag gegen Augustus, und die ehrfürchtige Verehrung der Seinen *(pietas)* sei im Falle des Augustus nicht geringer gewesen als im Falle Jupiters (1,199–205 a)[23]. Die Analogie zwischen Jupiter und Augustus (die auch sonst in klassischer römischer Dichtung begegnet)[24], kehrt im letzten Buch wieder (15, 852–860) – so hat das Ganze einen festen Rahmen erhalten. Freilich auch wieder nicht mehr als einen Rahmen – denn obgleich die augusteische Herrschaft als sinnvoller Abschluß des Ganzen empfunden wird, verhält es sich doch keineswegs so, daß sämtliche Metamorphosen »von Anbeginn der Welt« *(ab origine mundi)* auf Augustus' Principat zielten: Ein durchgängiger teleologischer Bezug auf Augustus hätte ja auch etwas Absurdes.

Trotz solcher Einschränkung bleibt bemerkenswert, wie Ovid in seinem Epos Person und Leistung des Augustus hervorhebt. In diesem Vorgehen verrät sich der Einfluß Vergils. Vergil hatte ja in der ›Aeneis‹ mehrfach einen Ausblick

22 Zur Ovidischen Kunst, die einzelnen Episoden miteinander zu verknüpfen, s. vor allem Guthmüller und Frécaut (1968).

23 Zu diesem Passus s. Herter (1982) und Dietram Müller.

24 Vgl. etwa Horaz c. 3, 5, 1–4.

auf die Augustusherrschaft eröffnet. Freilich unterscheidet sich Ovid von seinem Vorgänger in einer wesentlichen Komponente. Denn während Vergil das Geschehen in der Frühzeit als etwas darstellt, das das Spätere präfiguriert, besteht ein solchermaßen typologischer Bezug zwischen Einst und Jetzt bei Ovid nicht[25].

Kein Problem wird in der jüngsten Forschung zu den ›Metamorphosen‹ so kontrovers erörtert wie die Frage von Ovids Verhältnis zu Augustus und zu dessen restaurativer Politik[26]. Eine besondere Rolle spielt dabei naturgemäß der große Passus über Caesar und Augustus im letzten Buch (15, 745–860). Für manche Interpreten zeigt sich in diesem Abschnitt nicht einfach Ovidischer Esprit, sondern sie finden in den Aussagen über Augustus eine gegen Augustus gerichtete politische Tendenz[27]. Inwieweit ist ein solches Urteil angemessen?

Gewiß, wenn Ovid schreibt, sein Adoptivvater habe vergottet werden müssen, damit Augustus nicht von menschlicher Abstammung sei (15, 760f.), so hat eine solch rationalistische Darstellung etwas arg Nüchternes; derartiges hätte bei Vergil schwerlich Platz. Und auch Ovids Lob für Augustus ist weit von der Dezenz entfernt, mit der etwa Vergil und Horaz ihr Lob des Herrschers formuliert haben. Im Vergleich zu Vergil und Horaz wirkt Ovids Augustus-Panegyrik nicht allein hyperbolisch, sondern auch ein wenig kühl, distanziert – Ovid scheint nicht mit dem Herzen dabei zu sein. Eine solche Beobachtung reicht jedoch nicht aus, die These einer antiaugusteischen Tendenz zu stützen. Man sollte sich vor Vergröberungen hüten und vor allem den zeitgeschichtlichen Kontext bedenken. Die ›Metamorphosen‹ gehören nun einmal nicht in die von größten Hoffnungen begleiteten Anfänge des augusteischen Principats, sondern in

[25] Mit der typologischen Interpretation ist in mancher Hinsicht die allegorische verwandt, die in den letzten Jahren an Boden gewonnen hat und am entschiedensten wohl durch Schmitzer (1990) repräsentiert ist: Hier werden große Partien der ›Metamorphosen‹ als verschlüsselte zeitpolitische Aussage verstanden – m.E. kaum zu Recht.

[26] Die entsprechenden Forschungspositionen werden bei Maurach (1979) 134–137 und bei Schmitzer (1990) 6–10 referiert.

[27] Zur These, Ovid sei »Anti-Augusteer«, s. auch Döpp (1991) 345f.

dessen letzte Phase, in der sich die Atmosphäre im Vergleich zum ersten Jahrzehnt entscheidend gewandelt hat; von der Allmacht des Kaisers geht jetzt etwas Lähmendes aus, und dieser Erstarrung korrespondiert eine immer mehr um sich greifende höfische Schmeichelei. Auch der Schlußabschnitt der ›Metamorphosen‹ repräsentiert Herrscherpanegyrik, wie sie im ersten nachchristlichen Jahrhundert üblich wurde.

Mit einer solchen Feststellung soll freilich nicht gesagt sein, daß Ovids ›Metamorphosen‹ den von Augustus propagierten Wertvorstellungen entsprechen müßten. Dies ist sicher nicht der Fall; vielmehr zeigt das Werk manche Züge, die wohl kaum den Beifall des Augustus gefunden haben[28]. Wie hätte beispielsweise Ovids Umgang mit einigen Göttergestalten dem Bannerträger der »religiösen Erneuerung«, als der Augustus gefeiert werden wollte, zusagen können? Man vergegenwärtige sich nur, was Ovid mit dem vom julischen Herrscherhaus besonders herausgehobenen Apollo anstellt. Etwa in jenem Passus, wo die cumäische Sibylle, die doch im Dienste Apollos steht, Aeneas ihre Geschichte erzählt: Apollo wollte sie verführen und warb um sie, indem er ihr einen Wunsch freistellte. Als die Sibylle sich so viele Lebensjahre wünschte, wie eine Hand Sandkörner fassen kann, aber vergaß, sich auch ewige Jugend zu erbitten, zeigte sich der Gott hartherzig: Nur unter der strikten Bedingung, daß die Jungfrau sich ihm hingeben würde, wollte er ihr Versehen gutmachen – ein erpresserisches Vorgehen also (14,129–153). Doch Ovids respektloser Umgang mit Göttern ist nicht das einzige, was man in diesem Zusammenhang in Betracht zu ziehen hat. Es bleibt Ovid überhaupt vieles von dem fremd, was den spezifischen Charakter augusteischer Ideologie ausmacht, vor allem das Pathos, mit dem die Etablierung der Alleinherrschaft als Erneuerung republikanischer Ideale propagiert wird. Wie schon in der ›Ars amatoria‹ gibt Ovid auch in den ›Metamorphosen‹ ein ganz anderes Lebensgefühl zu erkennen als die Herolde der augusteischen Restauration. Dieser gewiß beträchtliche Unterschied läßt sich jedoch nicht als Zeichen antiaugusteischer Tendenz verstehen.

[28] Dazu insbesondere Due 66–89 und Schmitzer, passim.

Wenigstens zwei Passagen seien näher betrachtet: die Erzählung von Pygmalion (10, 238–297)[29] und die von Phaethon (1, 747–2, 400)[30].

Die Geschichte Pygmalions gehört zu den berühmtesten der ›Metamorphosen‹. Pygmalion wird als Bildhauer dargestellt, der sich in die von ihm geschaffene Statue einer jungen Frau verliebt. In moderner Zeit ist die Ovidische Erzählung mehrfach aufgegriffen und umgestaltet worden – man denke nur an George Bernard Shaws Komödie ›Pygmalion‹[31], die 1913 am Wiener Burgtheater mit großem Erfolg uraufgeführt wurde.

Shaws Pygmaliongestalt ist der Phonetikwissenschaftler Henry Higgins, dessen einzige Leidenschaft der Reinheit der englischen Sprache gilt und der allen Ernstes meint, die soziale Stellung des Engländers habe wesentlich mit seinem Akzent zu tun; das Gossenjargon sprechende Blumenmädchen Eliza Doolittle sucht er in seinem Sinne zu formen, gleichsam zu seinem Geschöpf zu machen – von diesem Versuch rührt ja der Titel der noch erfolgreicheren Musical-Version her: ›My Fair Lady‹ von Alan Jay Lerner und Frederick Loewe.

Welche Fassungen der Sage sind neben der Ovidischen aus der Antike bezeugt?[32] Poetische Darstellungen des Mythos finden sich nicht; es gibt lediglich zwei längere Erwähnungen des Stoffs bei christlichen Autoren, bei Klemens von Alexandria (etwa 150 – etwa 215 n. Chr.) und Arnobius (um 300 n. Chr.). Beide beziehen sich jeweils auf den ins dritte vorchristliche Jahrhundert gehörenden Philostephanos, der eine Reihe antiquarischer Schriften verfaßt hat, darunter auch ein heute verlorenes Werk über griechische Inseln; auf

[29] Zu Ovids Pygmalion-Erzählung s. Fränkel 101–105; Bauer; Viarre (1968); Dörrie (1974) 14–29; Manson 104–117; Rosati (1983) 51–93.

[30] Zu Ovids Phaethon-Erzählung s. Braune 7–27; Otis (^{2}1970) 108–116; 389–395; Dietz 5–27; Diggle 180–200; Doblhofer: Ovid wolle Augustus davor warnen, sich als Gottessohn zu benehmen; Bass; Wise; Chevallier; Eggers 153–159; Knox (1988); Schmitzer 89–107: Ovids Erzählung stelle »eine vernichtende Generalabrechnung, geradezu eine Konkursbilanz der Herrschaft des Augustus« dar: 106.

[31] Zu Shaws Komödie s. Dörrie (1974) 58f.; 60f.; Miller 209f.

[32] Zur antiken Bezeugung der Sage s. vor allem Otis (1970) 418f. und Dörrie (1974) 11–14.

Pygmalion ist er wohl bei der Behandlung von Kypros (Cypern) zu sprechen gekommen. Klemens berichtet nun in seinem ›Protreptikos‹: »So verliebte sich jener Pygmalion von Kypros in eine elfenbeinerne Statue; die Statue war ein Bild der Aphrodite und war nackt. Der Kyprier wird von der schönen Form überwältigt und wohnt der Statue bei, und das erzählt Philostephanos.« (4, 57, 3)

Ein wenig ausführlicher ist die Bezugnahme auf Philostephanos bei Arnobius in ›Adversus gentes‹; zunächst spricht Arnobius an der einschlägigen Stelle (6, 22) davon, daß es die heidnischen Götter offenbar einfach hinnehmen, wenn ihre Bilder beschädigt, beraubt oder überhaupt in irgendeiner Form unwürdig behandelt würden. Als Beispiel für eine derartige Behandlung führt er dann das Vorgehen Pygmalions an:

> Philostephanus in Cypriacis auctor est Pygmalionem regem Cypri simulacrum Veneris, quod sanctitatis apud Cyprios et religionis habebatur antiquae, adamasse ut feminam mente anima lumine rationis iudicioque caecatis solitumque dementem, tamquam si uxoria res esset, subleuato in lectulum numine copularier amplexibus atque ore resque alias agere libidinis uacuae imaginatione frustrabiles.

> Philostephanos in seiner Schrift über Cyprien bezeugt folgendes: Pygmalion, König von Cyprien, hat das Bildnis der Venus, welches die Cyprier für ein altberühmtes Heiligtum hielten, da er an Gemüt, Seele, Verstand und Urteilskraft erblindet war, wie eine Frau geliebt und in geistiger Verwirrung der Gewohnheit gepflegt, das göttliche Wesen [numen] ganz so, als handele es sich dabei um etwas Ehefrauliches [uxoria res], auf sein Bett zu heben, sich mit ihm unter Umarmungen und Küssen zu vereinigen und andere fehlschlagende Dinge mit der Vorstellungskraft nichtiger Begierde zu verrichten.

Wie sich aus diesen beiden Testimonien ergibt, führte die von Philostephanos gebotene Version der Sage in den Aphroditekult auf Cypern, hat also einen religionsgeschichtlichen Hintergrund[33]. Kern dieser Version ist, daß jemand ein Götterbild wie ein lebendiges Wesen liebt; das uralte Thema »Liebe zu einem Bild« ist hier in den sakralen Bereich gerückt.

Vergleicht man nun Ovids Darstellung mit dem, was sich für Philostephanos gewinnen läßt, so ergibt sich, daß Ovid den religions- und lokalhistorischen Hintergrund gewiß nicht ausblendet, ihn aber stark zurücktreten läßt[34]; derartige Interessen sind in den ›Metamorphosen‹ auch sonst nicht sonderlich ausgeprägt. Was bei Ovid dominiert, ist die erotische Komponente[35] – alles dreht sich jetzt um die Liebe, die Pygmalion zu der Statue empfindet. Allerdings handelt es sich um eine andere, eine wesentlich sublimere Spielart der Erotik als bei Philostephanos – von einer Vereinigung mit der Statue ist bei Ovid keine Rede.

Der Pygmalion der griechischen Version bekleidet die Königswürde; im Ovidtext findet sich kein entsprechender Hinweis. Anders als bei Philostephanos tritt in den ›Metamorphosen‹ Pygmalion als Schöpfer der Statue auf, und dies Bild stellt nicht die Göttin Venus dar, sondern ein unbekanntes Mädchen voller Schönheit. Nach einhelliger Auffassung der Sagenforscher gehen die Änderungen nicht auf eine Vorlage, sondern auf Ovid selbst zurück.

Was den Kontext betrifft, so gehört die Geschichte bei Ovid zu denen, die der Sänger Orpheus vorträgt[36]. Unmittelbar voraus geht die Verwandlung der auf Cypern lebenden Töchter des Propoetus: Sie wagten es, die Göttlichkeit der Venus zu leugnen, und wurden daraufhin in Stein verwandelt (10, 220–242). Die Pygmalion-Episode mit der Metamorphose der Propoetiden zu verbinden – auch dies ist allem Anschein nach das Werk Ovids und nicht das eines Früheren.

Sunt tamen obscenae Venerem Propoetides ausae
esse negare deam; pro quo sua, numinis ira,
corpora cum forma primae uulgasse feruntur:

[33] Näheres dazu bei Dörrie (1974) 12f.; 24f.

[34] Dörrie (1974) 27f.

[35] Weniger die erotische als die sexuelle Komponente betont Dörrie (1974) 15–24.

[36] Näheres dazu bei Bauer; Viarre; Manson.

utque pudor cessit sanguisque induruit oris,
in rigidum paruo silicem discrimine uersae.
Quas quia Pygmalion aeuum per crimen agentis
uiderat, offensus uitiis, quae plurima menti
femineae natura dedit, sine coniuge caelebs
uiuebat thalamique diu consorte carebat.
interea niueum mira feliciter arte
sculpsit ebur formamque dedit, qua femina nasci
nulla potest operisque sui concepit amorem.
uirginis est uerae facies, quam uiuere credas
et, si non obstet reuerentia, uelle moueri:
ars adeo latet arte sua. miratur et haurit
pectore Pygmalion simulati corporis ignes.
saepe manus operi temptantes admouet, an sit
corpus an illud ebur, nec adhuc ebur esse fatetur.
oscula dat reddique putat loquiturque tenetque
et credit tactis digitos insidere membris
et metuit, pressos ueniat ne liuor in artus,
et modo blanditias adhibet, modo grata puellis
munera fert illi conchas teretesque lapillos
et paruas uolucres et flores mille colorum
liliaque pictasque pilas et ab arbore lapsas
Heliadum lacrimas; ornat quoque uestibus artus:
dat digitis gemmas, dat longa monilia collo;
aure leues bacae, redimicula pectore pendent:
cuncta decent; nec nuda minus formosa uidetur.
conlocat hanc stratis concha Sidonide tinctis
appellatque tori sociam adclinataque colla
mollibus in plumis tamquam sensura reponit.
Festa dies Veneris tota celeberrima Cypro
uenerat, et pandis inductae cornibus aurum
conciderant ictae niuea ceruice iuuencae
turaque fumabant, cum munere functus ad aras
constitit et timide »si, di, dare cuncta potestis,
sit coniunx, opto«, non ausus »eburnea uirgo«
dicere Pygmalion »similis mea« dixit »eburnae«.
sensit, ut ipsa suis aderat Venus aurea festis,
uota quid illa uelint, et, amici numinis omen,
flamma ter accensa est apicemque per aera duxit.
ut rediit, simulacra suae petit ille puellae
incumbensque toro dedit oscula: uisa tepere est;

admouet os iterum, manibus quoque pectora temptat:
temptatum mollescit ebur positoque rigore
subsidit digitis ceditque, ut Hymettia sole
cera remollescit tractataque pollice multas
flectitur in facies ipsoque fit utilis usu.
dum stupet et medio gaudet fallique veretur,
rursus amans rursusque manu sua uota retractat;
corpus erat: saliunt temptatae pollice uenae.
tum uero Paphius plenissima concipit heros
uerba, quibus Veneri grates agat, oraque tandem
ore suo non falsa premit dataque oscula uirgo
sensit et erubuit timidumque ad lumina lumen
attollens pariter cum caelo uidit amantem.
coniugio, quod fecit, adest dea, iamque coactis
cornibus in plenum nouiens lunaribus orbem
illa Paphon genuit, de qua tenet insula nomen.

Indessen wagten die schamlosen Töchter des Propoetus von Venus zu leugnen, daß sie eine Göttin sei; hierfür sollen sie, nach dem zornigen Willen der Gottheit, ihre Leiber mitsamt ihrer Schönheit als erste einem jeden feilgeboten haben. Und als die Scham gewichen war und das Blut ihrer Wangen sich verhärtet hatte, wurden sie – der Unterschied war gering – in kalten Stein verwandelt. Weil Pygmalion gesehen hatte, wie diese Frauen ihr Dasein in Schande verbrachten, lebte er, abgestoßen durch die Fehler, die die Natur in übergroßer Zahl dem weiblichen Sinn gegeben hat, ohne Gemahlin, unverheiratet, und hatte lange Zeit keine Genossin seines Gemachs.
In dieser Zeit meißelte er in glücklichem Gelingen mit wunderbarer Kunst schneeweißes Elfenbein und gab ihm eine Schönheit, wie keine Frau sie von Natur aus besitzen kann, und er faßte Liebe zu seinem Werk.
Es ist die Gestalt eines Mädchens, so wahr, daß man glaubt, es lebe und möchte – sofern nicht scheue Zurückhaltung dies verwehrt – sich bewegen: so sehr bleibt die Kunst dank ihrer Kunst verborgen. Bewundernd staunt Pygmalion, und er nimmt tief in sein Inneres brennendes Verlangen nach dem scheinhaften Leib auf.

Oft legt er prüfend die Hände an das Werk, ob es ein menschlicher Leib sei, ob Elfenbein, und erkennt nicht an, daß es Elfenbein ist. Küsse gibt er ihm und glaubt, welche zu empfangen; spricht mit ihm, hält es in Händen und meint, beim Berühren drückten sich seine Finger in die Glieder, und fürchtet, daß die von ihm gepreßten Glieder sich verfärben. Bald naht er mit Schmeicheleien, bald bringt er ihm bei Mädchen willkommene Geschenke, Muscheln und glatte Steinchen, kleine Vögel, Blumen in tausenderlei Farben, Lilien, bemalte Bälle und vom Baum herabgetropfte Tränen der Heliaden.

Auch schmückt er die Glieder mit Gewändern; er legt Juwelen an die Finger, legt lange Ketten um den Hals; vom Ohr hängen zierliche Perlen, an ihrer Brust Geschmeide. Alles ziert sie, und entblößt scheint sie nicht weniger schön. Er legt sie auf mit sidonischem Purpur getränkte Decken, nennt sie seines Lagers Gefährtin, und den aufgerichteten Nacken legt er wieder zurück auf die weichen Federn, so als würde der Nacken es spüren.

Der Festtag der Venus, in ganz Cypern vielgefeiert, war gekommen und – die gebogenen Hörner mit Gold umkleidet – waren die Rinder niedergesunken, am schneeweißen Nacken getroffen; Weihrauch dampfte, als schließlich nach getanem Opfer Pygmalion an den Altar trat und voller Scheu sprach:

»Wenn ihr, Götter, alles zu geben vermögt, dann wünsche ich, es sei mir Gemahlin ...« – er wagte nicht zu sagen: »die elfenbeinerne Jungfrau«, er sagte: »eine, ähnlich der elfenbeinernen Jungfrau.«

Die goldene Venus, die ja auf ihrem Fest selbst zugegen war, spürte, was diese Wünsche meinten, und als Zeichen dafür, daß die Gottheit freundlich gesinnt war, loderte dreimal die Flamme empor und streckte ihre Spitze in die Lüfte.

Sobald er heimkam, eilte Pygmalion zum Abbild seines Mädchens, und auf sein Lager gestreckt, gab er ihm Küsse; sie schien warm zu werden. Ein zweites Mal näherte er ihr seinen Mund, auch mit den Händen betastete er prüfend ihre Brust; so betastet, wird das Elfenbein weich, läßt die starre Kälte fahren, es fügt sich den Fingern und gibt nach, so wie hymettisches Wachs unter der Sonne wieder weich wird, sich, mit dem Finger angefaßt, in viele Gestalten bringen läßt und eben durch den Gebrauch brauchbar wird. Während er staunt, sich zweifelnd freut und betrogen zu werden fürchtet, erfaßt er wiederum voll Liebe, wiederum mit der Hand sein Wunschbild. Ein Menschenleib war es; es schlagen, vom Finger prüfend betastet, die Pulse.

Da nun findet der Heros von Paphos die reichsten Worte, mit denen er Venus dankt, und schließlich preßt er mit seinem Mund den Mund, der kein Trugbild ist, und die ihm geschenkten Küsse spürte das Mädchen, und es errötete; sein scheues Auge zum Licht seiner Augen erhebend, erblickte es zugleich mit dem Himmel den Liebenden.

Der Hochzeit, die er bereitet hat, wohnt die Göttin bei, und als die Hörner des Monds zum neunten Mal ihr volles Rund erreicht hatten, gebar jene die Paphos, von der die Insel ihren Namen trägt.

Da die Verse 238–242 noch zur Propoetidengeschichte gehören, bleiben für die eigentliche Pygmalion-Episode die Verse 243–297. Ohne weiteres ist zu erkennen, daß bei 269 eine Zäsur liegt. Der Abschnitt besteht also aus zwei nahezu gleichlangen Passagen: in der ersten (243–269) geht es um Pygmalion und sein Verhalten, in der zweiten (270–297) um das Eingreifen der Venus.

Über die näheren Umstände erfährt der Leser nur wenig – kein Wort wird darüber verloren, wer Pygmalion war, und die Formulierung »Paphius heros« (290) fällt unvermittelt (es handelt sich um einen Anachronismus; das Gemeinte wird erst vom Schluß des Ganzen her deutlich)[37].

So tritt Äußeres ganz zurück. Der Blick des Erzählers richtet sich sogleich auf die psychische Befindlichkeit der zentralen Figur: Pygmalion wird eingeführt als jemand, der

[37] »Paphius« ist Adjektiv zu »Paphus«, dem Namen einer Stadt im Westen Cyperns. Erst im Schlußvers (297) wird Ovid mitteilen, daß jene Stadt ihren Namen von der Tochter erhalten soll, die aus der Verbindung Pygmalions mit der von ihm geschaffenen Frauengestalt hervorgehen und eben Paphos heißen werde.

über das Treiben der Propoetus-Töchter entsetzt ist und unter diesem Eindruck nichts mit Frauen zu tun haben will. Gleich dreimal hat der Erzähler dieses Sich-zurück-Ziehen ausgedrückt: »sine coniuge«, »caelebs«, »thalami consorte carebat« (245 f.). Diese Zurückgezogenheit dauert lange (247); währenddessen nun schafft Pygmalion, der ihm verhaßten Wirklichkeit des Lebens entrückt, eine Idealgestalt einer Frau, frei von allen Fehlern (uitia), schöner, als die Natur sie hervorbringen könnte.

In ebendieses Werk verliebt er sich; der Vorgang wird in zwei aufeinanderfolgenden Versreihen dargestellt: 247–249 (drei Hexameter) und 250–253 (vier Hexameter). Beide Reihen lenken zu demselben Ziel hin, steht doch jeweils am Ende, im letzten Kolon, die Liebe Pygmalions: »concepit amorem« (249), »haurit ... ignes« (252 f.). Gleichwohl stellt die zweite Reihe nicht einfach eine Dublette der ersten dar. Denn zunächst (247–249) geht es darum, daß die geschaffene Figur die von der Natur hervorgebrachte Schönheit noch übertrifft, dann (250–253) darum, daß das geschaffene Kunstwerk zu leben scheint wie die Natur. Wenn aber die völlige Nähe zum Lebendigsein erreicht ist, so bedeutet das, daß das Künstliche verschwindet: »ars adeo latet arte sua«, heißt es pointiert (252). Hinter dieser Wertung steht der verbreitete literarische Topos der *dissimulatio artis*: Man dürfe die angewandte Kunst nicht merken, sonst sei es schlecht. Bei Ovid erhält der Topos freilich einen neuen Sinn: Durch die völlige Naturnähe des Geschaffenen entstehe der Eindruck, als ob dies ins Leben hinübertrete. Kennzeichnend für das so geschaffene Wesen ist seine scheue Zurückhaltung (»reuerentia«, 251); durch sie stellt sich die von Pygmalion gestaltete junge Frau als »uera uirgo« dar, lediglich der Leib ist scheinhaft (253).

Was nun im Abschnitt 254–269 (bis zur großen Zäsur) folgt, sind Äußerungen der tiefen, geradezu leidenschaftlichen Liebe Pygmalions. Immer ist er um seine Statue bemüht. Er selbst also, der Bildner, der Schöpfer, wird von der Naturwahrheit des Geschaffenen ergriffen, geht mit seiner Figur um wie mit einem lebendigen Wesen, will sie nicht als bloße Materie anerkennen. So prüft er immer wieder, ob es wirklich nur Elfenbein ist oder nicht doch »corpus«, das heißt prägnant »lebender Menschenkörper«. Doch er behandelt die Statue nicht nur wie einen lebendigen Menschen, sondern er glaubt auch eine Reaktion, eine Erwiderung seiner Zuneigung zu finden: »oscula dat reddique putat« (256); ganz entsprechend heißt es vom Nacken der Figur: »tamquam sensura« (sc. »colla«, 269).

Ausführlich wird geschildert, wie sich Pygmalion seiner Figur voller Fürsorglichkeit nähert, wie er ihr Geschenke bringt und sie mit reichem Schmuck behängt. Schließlich zieht er die Statue auf sein Lager und nennt sie seine »Gefährtin«. Von einem Versuch körperlicher Vereinigung, wie er (nach Auskunft des Arnobius) bei Philostephanos geschildert worden war, ist bei Ovid keine Rede. Darin liegt freilich nicht einmal der bedeutsamste Unterschied zur Darstellung des Griechen. Noch wichtiger ist ein Element, das erst dadurch zur Geltung kommen konnte, daß Ovid die Pygmalion-Geschichte mit der Propoetiden-Erzählung verknüpfte: In Pygmalions Innerem hat sich eine Wandlung vollzogen – er, der vom schamlosen Treiben der Propoetiden abgestoßen wurde und daraufhin allen Frauen abschwor, ist jetzt von tiefer Liebe erfaßt und fühlt sich aufs stärkste zu einer Frau hingezogen.

Bis zu Vers 269 reicht auch bei Philostephanos die äußere Geschichte; so weit ist ein unmittelbarer Vergleich mit seiner Darstellung möglich. Dies gilt jedoch nicht mehr für den zweiten Großteil (270–297); für ihn halten die Christen Klemens und Arnobius nichts Analoges bereit.

Dieser zweite Abschnitt ist im wesentlichen dem Venusfest gewidmet. Nachdem Pygmalion das geschuldete Opfer dargebracht hat, wendet er sich an die Gottheiten und bittet sie um eine Gemahlin. Allerdings wagt er nicht ganz, seinen Wunsch auszusprechen, und beschränkt sich auf die Formulierung, die Gattin möge seiner Statue »ähnlich« sein. Doch Venus versteht sogleich, worauf Pygmalions Wunsch eigentlich zielt[38], und gibt ein glückverheißendes Omen.

Über Pygmalions unmittelbare Reaktion erfährt man nichts. Er eilt heim, greift sogleich nach der Statue; sie heißt hier »simulacra suae puellae« (280). Das der erotischen Sphäre zugehörende Wort »puella« war bereits vorher einmal (259) erschienen, dort aber noch allgemein gebraucht (es

[38] Dörrie (1974) 21.

ging um die allen Mädchen willkommenen Geschenke). Jetzt (280) ist das Wort zum ersten Mal auf die Statue bezogen und signalisiert den Übergang zur nicht mehr bloß erhofften, geträumten, sondern praktizierten Erotik.

Zunächst tut Pygmalion dasselbe wie schon früher: Er küßt die Statue und zieht sie auf sein Lager. Und wie er früher für seine Hinwendung Erwiderung zu finden meinte (256), so geschieht auch jetzt nur etwas Derartiges: Die Statue scheint allmählich warm zu werden (281). Pygmalion prüft, probiert weiter – ganz wie bereits früher: »admouet os iterum, manibus quoque pectora temptat« (282); das entspricht dem in V. 254–256 Geschilderten.

Da nun vollzieht sich das Wunder: Der Stein gibt nach, wird geschmeidig, die starre Kälte schwindet aus ihm, er läßt sich mit den Fingern formen. Der Vorgang wird mit der Behandlung von kostbarem Wachs verglichen (284b–286); fast jeder Ausdruck innerhalb des Vergleichs entspricht einem Einzelzug des Hauptgeschehens. Die Quintessenz der Verse über das Wachs lautet: »ipso ... fit utilis usu« (eben durch den Gebrauch wird das Wachs für den Gebrauch geeignet). Darauf, die entsprechende Aussage für die Statue zu formulieren, hat der Erzähler weise verzichtet.

Pygmalion staunt, kann es noch nicht glauben, freut sich und bangt zugleich – und legt weiterhin seine Hände auf die Statue: »sua uota retractat« (288); dabei meint »uotum« zugleich das Wünschen und den Gegenstand des Wünschens.

Das eigentliche Wunder ist in zwei Worte gefaßt: »corpus erat«, die Statue war nicht mehr »scheinhafter Leib« (253), sondern ein menschlicher Körper, in dessen Adern wirkliches Blut fließt.

Pygmalions erste Reaktion besteht darin, der Göttin Dank zu sagen; er tut dies »mit reichsten Worten« (290–291a). Dann küßt er das Mädchen – es ist kein Trug, anders als zuvor (287c) braucht er nicht mehr zu fürchten, daß er sich täuscht. Und das Mädchen spürt die Küsse: Das Als-ob (»tamquam sensura«, 269) wird abgelöst durch etwas Tatsächliches: »oscula sensit« (292f.), so wie der Leib ein wirklicher, nicht mehr scheinhafter ist.

Für die von Pygmalion geschaffene Statue war »scheue Zurückhaltung« (251) kennzeichnend; die zum Leben Erwachte nun »errötet« (293) und zeigt in ihrem Blick Scheu

(»timidum lumen«, 293). Wie Pygmalion seinen Dank an die Göttin richtet und das Mädchen küßt, so verhält es sich auch auf der Seite des Mädchens: Es schaut zum Himmel auf und es erblickt den liebenden Mann (»pariter cum caelo uidit amantem«).

Ganz zum Schluß der Erzählung wird dann noch die Hochzeit der beiden erwähnt und die Geburt der Tochter, ein klares Zeugnis der vollen Menschwerdung. Noch einmal ist dabei der göttliche Beistand betont: »adest dea« (295).

Was ist das für Ovids Erzählung Charakteristische? Da schafft jemand aus Elfenbein das ideale Bild einer Frau und führt die Statue, dank ehrfürchtig erflehter göttlicher Hilfe, allmählich ins Leben hinüber, so daß die starre Materie von Blut durchpulst wird. Hatte sich Pygmalion unter dem Eindruck des Treibens der Propoetiden von allen Frauen zurückgezogen, so steht am Ende seine Dankbarkeit dafür, eine Frau gewonnen zu haben. Das ganze Geschehen ist von ehrfürchtiger Scheu geprägt, dem anderen Menschen ebenso wie der Gottheit gegenüber.

Das unmittelbare Gegenstück dazu bildete die vorausgestellte Erzählung über die Propoetiden[39]. Dort rief schändliches Verhalten den Zorn der Gottheit hervor, und die Frauen wurden dazu verurteilt, ihren Leib und ihre Schönheit zugleich preiszugeben. Und weil sich die Propoetiden ohne Erröten prostituieren, bedeutet es nur einen kleinen Schritt, daß sie sich in Stein verwandeln. In der Pygmalion-Erzählung ist das Resultat der Metamorphose das entgegengesetzte: nicht Versteinerung, sondern Lebendigwerden. Und auch sonst stehen viele Einzelzüge in Gegensatz zueinander: dort Schamlosigkeit, hier besondere Scheu; dort die Gottheit zürnend, hier gewogen, helfend. Doch genau wie in der Propoetidengeschichte zielt auch im Falle Pygmalions von Anfang an alles auf die Verwandlung. Dabei sind die einzelnen Elemente eng aufeinander bezogen, von dem Sich-Absondern Pygmalions, der das Treiben der Propoetiden als schändlich empfindet, bis zum scheuen Erröten seines Geschöpfs.

Pygmalion erscheint bei Ovid als Künstler wie als Liebender; künstlerisches Vermögen und unter dem Schutz der

[39] Dazu s. Manson 113f.

Venus stehende Liebe erweisen sich beide als schöpferisch. Und so erhalten Dinge, die starr und bloße Materie zu sein scheinen, dank dem Wohlwollen der Gottheit[40] durch innigen, von Liebe geprägten, ehrfürchtigen Umgang – Leben.

Als zweites Beispiel für Ovidische Mythendarstellung soll die Erzählung von Phaethons Schicksal betrachtet werden. Über die Buchgrenze hinweggreifend, bildet sie zunächst die Schlußpartie von I (747–779) und reicht in II bis V. 400. Damit ist sie die längste Erzählung innerhalb der ›Metamorphosen‹ überhaupt – es gibt zwar auch sonst großen Raum einnehmende Sagen, aber in deren Darstellung ist stets vieles andere, etwa in der Form des Rückgriffs, eingefügt. Hier dagegen handelt es sich um ein einziges zusammenhängendes Geschehen.

Der Grundriß des Mythos ist folgender. Der Name Phaethon bedeutet »Glänzender«, »Strahlender« – Phaethon ist ein Sohn des Sonnengottes Sol (Helios) und der Klymene, einer Tochter des Okeanos. Zu der Zeit, da die Geschichte spielt, lebt Klymene mit dem Äthiopier Merops zusammen. Phaethon wächst bei seiner Mutter und bei seinem Stiefvater in Äthiopien auf. Eines Tages werden Zweifel laut, ob Phaethon wirklich der Sohn des Sonnengottes ist. Daraufhin begibt sich Phaethon zu Sol und drängt ihn, ihm zur Bestätigung der Vaterschaft die Erfüllung eines Wunsches zuzusagen: Er bittet, einen Tag lang den Sonnenwagen lenken zu dürfen. Trotz der ernsten Warnungen von seiten des Vaters bleibt Phaethon bei seinem Verlangen. Sol aber ist durch seinen Schwur beim Unterweltsfluß Styx gebunden und muß dem Sohn die Bitte erfüllen. Als die Pferde spüren, daß die Zügel nicht mit gewohnter Kraft und Erfahrung geführt werden, brechen sie aus der Bahn und stürmen der Erde zu. Schon entsteht dort ein mächtiger Brand, als Jupiter den Verzweifelten mit seinem Blitzstrahl vom Wagen schleudert. Phaethon stürzt in den Eridanus. An dessen Ufern beweinen ihn seine Schwestern, die Heliaden; über ihrer Trauer werden sie in Schwarzpappeln verwandelt, ihre Tränen in Bernstein.

[40] Zu Recht sieht Dörrie (1974) 45 in der Mitwirkung der Göttin einen wichtigen Unterschied zu nachantiken Darstellungen der Sage.

Gelegentlich wird auch von einer Metamorphose Phaethons berichtet: Nach dem Sturz in den Eridanus sei er in ein Gestirn verwandelt worden. Dieser Teil der Geschichte, der Katasterismos Phaethons, findet sich freilich nicht in den ›Metamorphosen‹ – Ovid läßt Phaethons Schicksal mit dem Sturz enden. So wird im Anschluß an die Analyse zu fragen sein, inwieweit die Phaethon-Erzählung überhaupt einen Bezug zum Thema des Werks hat.

Welche anderen antiken Autoren haben die Sage dargestellt?[41] Da ist einmal die nur fragmentarisch erhaltene Tragödie des Euripides mit dem Titel ›Phaethon‹; lediglich vom Anfang und vom Schluß läßt sich etwas erkennen. Immerhin hat das Wenige Goethe 1821 zu einem Rekonstruktionsversuch angeregt.

Andere Versionen stammen aus der Zeit nach Ovid, können also bereits unter seinem Einfluß stehen. Dabei ist zunächst der sogenannte Hyginus anzuführen. Unter dem Namen dieses zu Ovids Zeit lebenden Leiters der palatinischen Bibliothek geht ein erst im zweiten nachchristlichen Jahrhundert verfaßtes mythologisches Handbuch ›Fabulae‹. Einschlägig sind die Stücke 152 und 154; im letzteren ist bereits viel aus Ovid Übernommenes enthalten.

Ebenfalls ins zweite Jahrhundert gehört Lukian, von dem hier der Götterdialog Nr. 25 wichtig ist. Im Zentrum steht ein Streit zwischen Zeus und Helios; Zeus ist zornig darüber, daß Helios seinem unerfahrenen Jungen den Sonnenwagen überlassen hat, so daß die ganze Weltordnung durcheinandergebracht wurde. Helios zeigt Reue, und Zeus verzeiht ihm für dieses Mal. Viele Elemente sind sicher eine Erfindung Lukians.

Schließlich muß man noch Nonnos nennen, der im 5. Jahrhundert n. Chr. in 48 Büchern ein Epos über die Geschichte des Gottes Dionysos geschaffen hat. Im 38. Buch der ›Dionysiaka‹ findet sich eine ausführliche Darstellung des Phaethon-Mythos, über 300 Hexameter lang.

Wieweit die auf Ovid folgenden Gestaltungen bereits Elemente seiner Version aufnehmen, ist im einzelnen schwer zu beurteilen. Ebenso mühsam und problembeladen bleibt der

[41] Zu antiken Versionen der Sage s. aus neuerer Zeit Otis (1970) 389–395 und vor allem Diggle 3–32.

Versuch, Ovids Vorlage (oder Vorlagen) zu rekonstruieren. Für alle diese Fragen sei auf die neueren Untersuchungen von James Diggle und Peter E. Knox verwiesen[42].

Um wenigstens ansatzweise eine Folie für Ovids Erzählung zu gewinnen, empfiehlt es sich, eine dieser Darstellungen etwas näher zu betrachten, und zwar die des Epikers Nonnos (Dionysiaka 38, 103–434)[43]. Vorbereitet ist die eigentliche Erzählung durch den Bericht über einige Wunderzeichen, die eines Tages auftreten: Am hellichten Tage verfinstert sich unversehens die Sonne, über alles legt sich Schatten, nur hier und da zeigt sich Licht. Als allgemeine Verwirrung über diese Zeichen herrscht, begibt sich Hermes zu Dionysos, um ihm eine günstige Deutung zu geben: Ein solches Wunder habe die Welt nicht mehr gesehen, seitdem Phaethon in den Eridanus gestürzt und von den Heliaden beweint worden sei. Damit ist der Mythos kurz umrissen, Dionysos freut sich des Glückszeichens und möchte Näheres über diesen Phaethon wissen, und darauf beginnt Hermes seine lange Erzählung. Klar gegen das Übrige abgegrenzt, stellt dies eine Einlage dar, hat den Charakter eines selbständigen Epyllions.

Ausdrücklich kündigt Hermes eine vollständige Schilderung an – »den ganzen Mythos« wolle er »der Reihe nach« erzählen (107).

Und so geht er dann in der Tat vor, behandelt die einzelnen Zeitabschnitte nacheinander. Er beginnt bei den Großeltern Phaethons, bei Okeanos und Tethys, und kommt dann auf deren Tochter Klymene und ihre Schönheit zu sprechen. Auf seinem täglichen Weg sieht Helios sie und verliebt sich in sie; sorgsam wird die Hochzeit geschildert, werden all die teilnehmenden Götter aufgeführt. Dann geht Hermes zur Geburt Phaethons über, zu seiner Jugend und seinen Spielen. Dabei kommt es immer wieder zu einem Sturz ins Wasser, einem Vorzeichen seines Todes, wie der Großvater jammernd erkennt. Bei den weiteren Episoden aus der Jugend wird herausgehoben, daß er schon früh den Wunsch hegt, den Sonnenwagen zu lenken. Er baut sich sogar eine Nach-

[42] Diggle 180–200; Knox (1988).

[43] Eine eingehende Analyse von Nonnos' Erzählung und ein detaillierter Vergleich mit Ovids Fassung finden sich bei Diggle 180–200.

ahmung des Sonnenwagens: ein Gefährt, von Lämmern gezogen, über denen er seine Peitsche schwingt, und so fährt er auf der Insel umher. Lange verweilt Hermes bei diesem kindlichen Tun (108–183).

In der Jugendzeit steigert sich Phaethons Verlangen nach dem Sonnenwagen, gelegentlich berührt er ihn, betrachtet die Rosse. Und unter Tränen bittet er den Vater, ihn fahren zu lassen. Doch Helios lehnt, wie der Erzähler kurz berichtet, diesen Wunsch ab. Phaethon setzt sein Bitten fort, daraufhin redet Helios auf seinen Sohn bei dem Wagen lange ein und rät ihm dringend ab: Nicht einmal Zeus könne den Wagen lenken; jedem, der es versuche, schlage es zum Unheil aus. Aber dies Zureden hilft nichts, Phaethons Bitten werden nur drängender. Als Helios erkennt, daß gegen das von den Moiren verhängte Schicksal nichts auszurichten ist, erteilt er grollend seine Zustimmung (184–221). Es folgt eine lange Rede an den Sohn (222–290). In ihrem ersten Teil gibt Helios eine astronomische Beschreibung des Himmels; im zweiten Teil erteilt er Phaethon einzelne Ratschläge, aber auch da überwiegt wieder das beschreibende Element, wird das Bestreben deutlich, möglichst viele Erscheinungen ins Spiel zu bringen. Eine innere Nähe zum Angesprochenen ist trotz des »Du« nicht spürbar. Nur als Helios dem Sohn dann den Wagen und die Zügel übergibt, kommt Hermes auf Helios' Empfindungen zu sprechen: Helios habe gezittert – und geschwiegen, wissend, daß der Sohn nur noch kurz zu leben habe.

Es folgt die Beschreibung der beginnenden Fahrt: Kühn blickt Phaethon über den Himmel hin. Zuerst geht alles ganz gut, aber dann beginnt Phaethon die Peitsche zu schwingen und in seiner Verzückung die Rosse noch eigens anzutreiben. Da sie spüren, daß der Lenker ein anderer ist, verlassen sie ihre gewohnte Bahn, und die Gestirne geraten in Verwirrung. Als Phaethon dann allen Warnungen zum Trotz die Pferde noch stärker peitscht, kommt es zu einer gewaltigen Störung der Harmonie des Kosmos. Wieder geht es dem Erzähler dabei um möglichste Vollständigkeit – das kosmische Durcheinander soll als ein totales erscheinen (291–409).

Ohne daß dies im einzelnen begründet würde, greift dann Zeus ein und schleudert seinen Blitz, durch den Phaethon in den Eridanus stürzt. Zeus stellt die Himmelsharmonie wieder her und übergibt die Rosse dem Helios. Die Erde beruhigt sich, durch einsetzende Regenfälle wird das Feuer gelöscht, und alles befindet sich wieder im alten Zustand (410–423). Am Schluß der Erzählung steht die Verstirnung Phaethons durch Zeus (424–434). Ein Grund für die Verwandlung wird nicht angegeben, ebensowenig ist der Vorgang der Metamorphose im einzelnen geschildert.

Was Nonnos bietet, ist also eine weit ausgreifende Erzählung, bei der möglichst keine Phase des Geschehens ausgelassen wird. Auf kausale Zusammenhänge, auf psychologische Motivierung legt Nonnos hingegen viel weniger Wert. Besonders die Beschreibung der Himmelsvorgänge scheint zum Selbstzweck geworden zu sein. Was dagegen fehlt, ist die Ausrichtung des Ganzen auf ein bestimmtes Ziel hin, ist eine klare Perspektive.

Wie hat nun der rund vierhundert Jahre früher schreibende Römer Ovid die Sage gestaltet?[44] Für Ovid ist zunächst einmal kennzeichnend, daß er nicht den Stammbaum und den ganzen bisherigen Lebensgang des Helden darstellt, sondern sich auf die eine, die entscheidende Situation beschränkt.

Eine weitere Besonderheit Ovids stellt die Teilung der Erzählung durch die Buchgrenze dar. Dabei bildet die Schlußpartie von Buch I die Exposition der ganzen Geschichte, und diese Exposition wird, während der in Buch II stehende Hauptteil breit ausgestaltet ist, in einem sehr viel rascheren Tempo erzählt.

Zunächst zur Schlußpartie von I. Am Anfang steht eine Charakteristik Phaethons: Er ist stolz *(superbus)*, und dank dieser Eigenschaft kommt es zu einem folgenschweren Streit: Dem gleichaltrigen Epaphus, dem Sohn der Io und Jupiters, gegenüber brüstet sich Phaethon seiner Herkunft von Sol. Doch Epaphus bestreitet sie ihm, und mit dieser Bemerkung verwundet er Phaethon tief. Der eilt zu seiner Mutter Clymene und äußert vor ihr seine Erbitterung darüber, daß er in seinem Freimut, in seiner Wildheit auf eine solche Beleidigung habe schweigen müssen. Sodann bittet er die Mutter, ihm einen Beweis für seine hohe Abkunft zu geben und ihn so den »Himmlischen« zuzurechnen. Im To-

[44] Zur Struktur von Ovids Phaethon-Erzählung s. vor allem Bass.

ne heftiger Beschwörung verlangt er ausdrücklich »ueri signa parentis«, Dokumente, sichtbare Zeichen für die Vaterschaft Sols – so wie es sich aus dem Streit mit Epaphus als notwendig ergibt (1, 764). Clymene schwört ihm feierlich, daß Sol sein Vater sei, und rät ihm schließlich, sich doch an Sol selbst zu wenden. Phaethon greift diesen Vorschlag begeistert auf und begibt sich sogleich auf den Weg. So ist in diesen Schlußversen von I vieles zusammengedrängt, es geht Schlag auf Schlag: einführende Charakteristik Phaethons, der Streit mit Epaphus, Phaethons Gang zu Clymene, seine beschwörenden Bitten, Clymenes Schwur, Phaethons Aufbruch zum Vater.

Dann also verlangsamt sich das Erzähltempo. Charakteristischerweise beginnt Buch II mit einer Ekphrasis; sie gilt dem Sonnenpalast, der Regia Solis (2, 1–30)[45]. Dabei geht es nicht allein um das großartige Gebäude, sondern auch um die Bildwerke; sie zeigen die ganze Welt, und zwar in den drei klar geschiedenen Bereichen Meer, Erde und Himmel. Derartige Beschreibungen ordnen sich einer langen, mit den Homerischen Epen beginnenden Tradition zu; für Ovid wesentlich ist der Bezug auf die Ordnung des Kosmos – die hier in der Bildbeschreibung geschiedenen Bereiche werden später, durch Phaethons Fahrt, in Unordnung gebracht werden.

Am Palast kommt es dann zur Begegnung zwischen Sol und Phaethon. Sol redet den Jungen folgendermaßen an: »progenies, Phaethon, haud infitianda parenti« (Phaethon, mein Kind, vom Vater nicht zu verleugnen, 34) – mit diesen ersten Worten Sols scheint der Zweck von Phaethons Kommen bereits erreicht. Müßte er nach Clymenes früherem Schwur und nun nach dieser Begrüßung durch Sol nicht von seiner göttlichen Abkunft überzeugt sein? Aber er ist immer noch nicht zufriedengestellt, ausdrücklich besteht er auf Beweisen: »pignora da, genitor, per quae tua uera propago/ credar« (gib mir ein Pfand, Vater, damit man es glaubt, daß ich wirklich dein Kind bin, 2, 38f.). Die Bitte zeigt, welch große Bedeutung die Eingangsepisode, der Streit mit Epaphus, für Phaethon hat. Es ist kein unbegründetes Mißtrauen, keine Verbohrtheit, die ihn nach immer neuen Beweisen

[45] Zur Beschreibung des Sonnenpalastes s. Herter (1958).

verlangen läßt, sondern die Auswirkung jener erlittenen Kränkung – er will als Sohn Sols anerkannt werden (»credar«). Hier liegt der Grund für seine spätere Bitte an Sol, ihm den Sonnenwagen zu überlassen – bei Nonnos wird diese Bitte sehr viel schwächer motiviert werden: damit nämlich, daß Phaethon immer schon diesen Wunsch gehegt und bereits früh mit einer Nachbildung des Wagens gespielt habe. Nach überaus zärtlicher Begrüßung verspricht Sol dem Jungen feierlich, die Worte Clymenes zu bestätigen und ihm alle Zweifel an seiner Abkunft zu nehmen; zur Beglaubigung schwört er, dem Sohn jeden beliebigen Wunsch zu erfüllen. Die Antwort Phaethons, lediglich in indirekter Rede wiedergegeben, fällt ganz knapp aus: In der ihm eigenen Unbekümmertheit und Unbeirrbarkeit erbittet er für einen Tag den Sonnenwagen (2,47f.). Wenn etwas für den Geschehensverlauf so Wichtigem wie dieser Bitte keine eigene direkte Rede eingeräumt wird, so ist auch das ein klares Indiz dafür, wie sehr Ovid in diesem Abschnitt alles auf die Gefühle des Vaters konzentriert hat.

Kaum hat der Sohn seine Bitte formuliert, erkennt Sol, auf welche Herausforderung er sich da eingelassen hat, und bereut seinen Schwur zutiefst. Aber weil er ihn nicht mehr zurücknehmen kann, will er wenigstens versuchen, dem Sohn von seinem Vorhaben abzuraten – so folgt eine lange Rede (2, 50–102). Darin weist Sol seinen Sohn zunächst in rührend pathetischem Ton darauf hin, daß der Wunsch seinen Kräften und seiner Jugend nicht entspreche; auch sei es nun einmal Phaethons Los, sterblich zu sein. Selbst unter den Göttern sei allein er imstande, den Wagen recht zu lenken.

Dann beschreibt Sol ausführlich die Fahrtroute des Sonnenwagens. Etwas Entsprechendes findet sich auch bei Nonnos, allerdings in einem anderen Kontext: Dort gehört die Beschreibung der Bahn zu jener Rede des Helios, mit der er detailliert Ratschläge für die Fahrt gibt, d.h. nachdem er sich mit Phaethons Entschluß abgefunden hat. Bei Ovid hingegen wird die Beschreibung zu einem weiteren Mittel, Phaethon abzuraten: Der Wagen, so gibt Sol zu bedenken, sei schon an sich schwer zu lenken; hinzu komme aber noch, daß die Bahn eine schwindelnde Höhe erreiche – er selbst fürchte sich oft, von ihr auf die Erde herabzublicken. Diese

Äußerung und die Aufzählung vieler weiterer Schrecken und Gefahren münden in die beschwörende Bitte, den Wunsch doch noch zu berichtigen.

Was den Umfang der Rede betrifft, so steht Ovid hinter Nonnos zurück. Aber nur bei Ovid sind die Worte Sols ganz auf das angeredete Du bezogen, verweisen sie auf eine tiefe innere Beziehung. Diese Eigentümlichkeit tritt am deutlichsten hervor in den Versen 2, 90–94: Phaethon begehre ein Unterpfand für seine Abkunft, aber da gebe es ganz andere Beweise als die Erlaubnis, den Wagen zu lenken: die Sorge des Vaters um den Sohn, also eine Bestätigung vom Fühlen her. Bezeichnenderweise findet sich für die Verse 2, 90–94 bei Nonnos keine Entsprechung.

Auch nach der Rede bleibt Sol zunächst noch im Mittelpunkt; Phaethons Antwort, in der er seinen Vorsatz bekräftigt, wird rasch abgetan (2, 103b–104). Worauf es dem Erzähler statt dessen ankommt, ist der innere Zwiespalt Sols, der durch seinen Schwur gebunden ist und doch weiß, welche verderbenbringende Gabe von ihm verlangt wird. Es bleibt ihm nichts anderes übrig, als den Sohn zum Wagen hinzuführen. Besonders nachdrücklich wird vom Erzähler der Zeitpunkt herausgehoben, zu dem dies geschieht: Die Nacht neigt sich dem Ende zu, in kürzester Zeit wird die Sonne aufgehen. Die Entscheidung muß also rasch fallen. Sols zweite Rede an den Sohn steht – anders, als dies etwa bei Nonnos der Fall ist – ganz im Zeichen dieser drängenden Notwendigkeit. Nunmehr muß der Vater dem Sohn Ratschläge für die Fahrt geben. Seine Worte sind von düsteren Vorahnungen erfüllt. Ein letztes Mal beschwört er den Sohn, doch von seinem Wunsch abzulassen (2, 145–149).

Nach dieser nochmaligen Bitte tritt Sol aus dem Geschehen zurück. Ohne dem Vater zu antworten, besteigt Phaethon den Wagen. Von jetzt, von 2,150 an, rückt er für eine Weile ins Zentrum. Aber es ist ein sehr anderer Phaethon als der, den man zuvor in seinem Stolz, seinem Ungestüm kennengelernt hat. Denn so sehr die Erzählung an Phaethon orientiert ist, er spielt doch nur eine passive Rolle, hat keinen Einfluß auf das Geschehen – aus dem hochgemuten Phaethon (2,111) wird der »infelix Phaethon« (2,179).

Gleich zu Beginn der Fahrt erkennen die Rosse das Neue der Situation: Am geringen Gewicht merken sie, daß sie einen menschlichen Lenker haben, und sofort rennen sie in anderer Ordnung dahin als sonst.

Zwei Linien durchziehen die darauf folgende Darstellung: einmal die stetig wachsende Angst Phaethons und dann, allmählich zum alleinigen Thema werdend, die fürchterlichen Schäden, die der aus der Bahn geratene Sonnenwagen anrichtet.

Phaethons Entsetzen steigert sich von Augenblick zu Augenblick. Jetzt reut es ihn zutiefst, daß er nach einer Bestätigung für seine Herkunft gesucht hat; nun wäre er es zufrieden, wenn man ihn für den Sohn des Merops statt des Sol hielte (2,183f.). So taucht hier das Geltungsmotiv des Eingangs (wie auch schon 2, 39f.) wieder auf. In seiner völligen Hilflosigkeit läßt Phaethon die Zügel endgültig aus der Hand gleiten.

Damit setzt die Weltkatastrophe ein. Überall auf der Erde breitet sich Verderben aus, nicht nur Früchte, Saaten und Bäume, sondern ganze Völker und Länder sind betroffen. Die Berge mit ihren Wäldern gehen in Flammen auf, und die Gewässer trocknen aus.

Schließlich wendet sich »Mutter Erde« (alma Tellus) in einer langen Klagerede an Jupiter (2,272–303). Die Worte nur mühsam hervorbringend, beginnt Tellus bei sich selbst, bei ihrem jetzigen Leid, geht dann zum Meer über und endet schließlich beim Himmel, der genauso in Mitleidenschaft gezogen sei; sie behandelt also die drei Weltsphären nacheinander. Es ist dieselbe Sonderung der Bereiche, wie sie schon für die Darstellung in der »Regia Solis« kennzeichnend war – auch dort sind ja Meer, Erde und Himmel abgebildet. Am Schluß von Tellus' Rede heißt es dann, zusammenfassend (2, 298f.):

> si freta, si terrae pereunt, si regia caeli,
> in chaos antiquum confundimur.

> Wenn das Meer, wenn die Länder, wenn die Burg des Himmels vergehen, werden wir wieder in das alte Chaos geschleudert.

Mit »antiquum chaos« ist dabei jener Zustand bezeichnet, wie er vor der Entstehung der Welt herrschte; Ovid hatte dies gleich zu Beginn des ersten Buchs beschrieben (1, 5–20).

Von Tellus animiert, greift nun Jupiter ein und schleudert Phaethon mit Hilfe seines Blitzes vom Wagen. Phaethon stürzt in den Eridanus; sein Leichnam wird von Najaden geborgen und bestattet; das Grab versehen sie mit einer Inschrift: »Hier ruht Phaethon, der Lenker des väterlichen Wagens; zwar konnte er ihn nicht meistern, starb aber, nachdem er Großes gewagt hatte.« (2,327f.)

Die Schlußpartie der Erzählung ist dann ganz der Darstellung der Trauer um Phaethon gewidmet: Die Mutter klagt heftig um ihren Sohn; die Schwestern verwandeln sich über ihrem Schmerz in Pappeln; der mit Phaethon befreundete Cygnus wird, bitterlich klagend, zum Schwan, und Sol denkt daran, das Lenken des Wagens einem anderen Gott zu überlassen; nur mit Mühe kann er dazu überredet werden, die Zügel wieder in die Hand zu nehmen. In geradezu zorniger Trauer bezichtigt er die Rosse, am Tode seines Sohnes schuldig zu sein (2, 329–400).

Durch den Überblick ist deutlich geworden: In ganz anderer Weise als bei Nonnos gewinnt bei Ovid der Charakter der Hauptfigur Kontur; bereits die ersten Verse der Erzählung tragen ja zu dessen Zeichnung bei. Auch treten in den einzelnen Geschehensabschnitten weit stärker als bei Nonnos die Empfindungen der zentralen Gestalten hervor, also der Clymene, des Sol und Phaethons selbst. Die Porträtierung des Charakters und das Herausheben des Psychischen aber stiften bei Ovid einen inneren Zusammenhang, wie er der Erzählung des Nonnos fehlt.

Was das Ganze der Ovidischen Phaethon-Geschichte angeht, so ist eine wichtige Frage noch offen. Angesichts Ovids immenser Vertrautheit mit der Mythographie kann man sicher sein, daß er jene Version kannte, die von einem schließlichen Katasterismos Phaethons erzählte; aller Wahrscheinlichkeit nach hat ein entsprechender Bericht auch in seiner Hauptvorlage gestanden. Warum also spart Ovid, dessen Thema doch Metamorphosen sind, ausgerechnet die Verwandlung Phaethons aus?

Zunächst einmal wird man folgendes zu bedenken haben: Von Tellus gedrängt, hat Jupiter den Phaethon in den Eridanus gestürzt. Wenn er ihn, im Anschluß an diesen Akt der Rache, aus dem Bereich des Irdischen emporheben und in einen Stern verwandeln sollte, konnte dies nur geschehen, wenn er mit dem eben Bestraften Mitleid zu haben begänne – doch wie hätte ein solcher Umschwung, eine solche Änderung von Jupiters Haltung plausibel motiviert werden können? Bezeichnenderweise verzichtet Nonnos, der den Katasterismos Phaethons erzählt, auf eine Begründung – für Ovid war dies ganz offensichtlich kein Weg.

Hinzu kommt dies: In Ovids Version tritt stark hervor, daß Phaethon zwar einen Gott zum Vater hat, selbst aber ein Mensch ist – Sol weist ja nachdrücklich auf Phaethons Sterblichkeit hin. Wie wichtig Ovid dieser Umstand ist, zeigt nicht zuletzt die Grabinschrift, die die Najaden verfassen: Sie hebt den menschlichen Wagemut und das Scheitern besonders heraus. Ein weiteres bedeutsames Element ist für Ovid die Trauer der Angehörigen und Freunde. Alles dies nun hätte seine innere Berechtigung verloren, wenn Ovid noch die Episode der Verstirnung angefügt hätte. In diesem Falle wäre der Faden, den Ovid zuvor in sorgfältiger psychologischer Motivierung gesponnen hatte, wieder zerrissen worden. Schließlich ist auch für die von den Göttern beschwörend vorgetragene Bitte an Sol, er möge sein Tun wieder aufnehmen, ein unglückliches Ende Phaethons die innere Voraussetzung.

Noch wichtiger mag in diesem Zusammenhang eine andere, eine gedankliche Komponente sein. Wie der Überblick gezeigt hat, ist ein zentrales Motiv der Ovidischen Erzählung das Nebeneinander dreier Weltsphären. Diese Vorstellung erscheint zum ersten Mal in der Ekphrasis der »Regia Solis« und ist durch die Position am Anfang von Buch II besonders herausgehoben. Das Motiv kehrt dann in der Schilderung der von Phaethon ausgelösten Katastrophe wieder und wird von Tellus in ihrer Rede gleich mehrfach ins Spiel gebracht – jedesmal geht es um die Bereiche von Erde, Wasser und Himmel. Dies Motiv nun schafft eine enge Verbindung zu Buch I der ›Metamorphosen‹. Dort steht ja am Anfang das Chaos, dann scheiden sich die Bereiche Erde, Wasser, Himmel voneinander – das eben ist die Ovidische Kosmogonie. Doch eine Sintflut bringt die Bereiche durcheinander, verwischt die Grenzen zwischen ihnen, und erst dank dem energischen Eingreifen Jupiters stellt sich allmählich die alte Ordnung wieder her, wird die Welt gleichsam neu erschaffen (1, 324–348 a). Das also sind die Bereiche, die durch Phaethons verwegenes Tun aufs neue miteinander vermengt werden. So stellt die von ihm ausgelöste Katastrophe ein Pendant zu jener, im ersten Buch geschilderten Sintflut dar. Eben auf diese Parallelität wird nun bei Ovid wiederholt hingewiesen. Das geschieht einmal innerhalb der Phaethon-Erzählung durch Tellus, wenn sie in ihrer Rede von der Gefahr spricht, daß der alte Zustand, das alte Chaos wiederkehrt (2,298 f.). Zum andern ahnt im ersten Buch der Erzähler einmal die Phaethon-Katastrophe voraus: Es werde noch die Zeit kommen, da Meer, Erde und Himmelsburg in Brand gerieten und das Weltgebäude schwere Bedrängnis erfahre (1, 256–258).

Die beiden Katastrophen, die Sintflut und den Phaethontischen Weltbrand, zusammenzustellen, lag nun gewiß nahe, und in der Tat ist die Verknüpfung beider schon lange vor Ovid belegt. Aber erst Ovid hat die Schilderung dieser beiden Geschehnisse zu einem derart groß angelegten Gegenüber gestaltet.

Worauf es nun im Hinblick auf die Ausgangsfrage ankommt, ist, daß Ovid – entsprechend dem von Pythagoras in B. 15 Vorgetragenen – die Weltkatastrophen ebenso wie die Kosmogonie als Metamorphosen verstanden wissen möchte. Seine Phaethon-Erzählung enthält also sehr wohl eine Metamorphose – bloß, daß es nicht die persönliche Phaethons ist, sondern die von Phaethon ausgelöste Rückverwandlung der Welt ins Chaos, die nur dank dem energischen Eingreifen der Götter und um den Preis von Phaethons Tragödie noch einmal zum Stillstand gebracht wird[46].

Damit sei die Betrachtung abgeschlossen. In den letzten Jahren ist es mehr und mehr üblich geworden, an Ovids ›Metamorphosen‹ das geistreich Frivole und die zahlreichen Spielarten von Ironie oder auch Parodie herauszuheben. Derartige Beobachtungen sind gewiß wichtig. Die Interpre-

[46] Dagegen verweist Dietz 17–27 darauf, daß im Anschluß an Phaethons Ende, im Passus 2, 330–400, auf seiten von Freunden und Verwandten, insbesondere von Phaethons Schwestern, eine das menschliche Maß übersteigende Trauer geschildert wird, die als Metamorphose der Betreffenden zu verstehen sei.

tation der Pygmalion- und der Phaethon-Geschichte wollte aber zeigen, daß man darüber etwas anderes nicht vergessen darf: eine die Zeiten überdauernde Meisterschaft, die verschiedenartigsten psychischen Zustände und Vorgänge erzählend darzustellen.

Literaturverzeichnis

Das folgende Verzeichnis ist nicht als Auswahlbibliographie zu Ovid gemeint, sondern erfaßt lediglich die in den Anmerkungen erwähnte Literatur. Editionen antiker Werke sind unter dem Namen des Herausgebers angeführt.

Adamietz, J. (1984): Zu Ovids Dido-Brief. In: Würzburger Jahrbücher für die Altertumswissenschaft N.F. 10, 121–134

Albert, W. (1988): Das mimetische Gedicht in der Antike. Geschichte und Typologie von den Anfängen bis in die augusteische Zeit. (Beiträge zur Klassischen Philologie, 190) Frankfurt am Main

von Albrecht, M. (1963): Die Parenthese in Ovids ›Metamorphosen‹ und ihre dichterische Funktion. (Spudasmata, 7) Hildesheim

von Albrecht, M. (1971): Quellen- und Interpretationsprobleme in Ovids ›Metamorphosen‹. In: Georges Lafaye, Les métamorphoses d'Ovide et leurs modèles grecs (Paris 1904). Neudruck Hildesheim, New York, V–XXXI (Einleitung)

von Albrecht, M. (1979): L' épisode d'Arachné dans les métamorphoses d'Ovide. In: Revue des études latines 57, 266–277

von Albrecht, M. (1980): Rezeptionsgeschichte im Unterricht. Ovids Briseis-Brief. In: Der Altsprachliche Unterricht 23, 6, 37–53

von Albrecht, M. (1984): Ovids Arachne-Erzählung. In: J. Harmatta (Hg.), Actes du VIIe congrès de la fédération internationale des associations d'études classiques. Budapest, Bd. 1, 457–464

Anderson, J. N. (1896): On the sources of Ovid's Heroides I, III, VII, X, XII. Diss. Johns Hopkins University, Berlin

Anderson, W. S. (1973): The ›Heroides‹. In: J. W. Binns (Hg.), Ovid. London, Boston, 49–83

Anderson, W. S. (1977): P. Ovidi Nasonis Metamorphoses. Ed. W.S.A. Leipzig, 5. Aufl. 1991.

Anderson, W.S. (1989): The artist's limits in Ovid. Orpheus, Pygmalion and Daedalus. In: Syllecta Classica 1, 1–11.

Barchiesi, A. (1987): Narratività e convenzione nelle Heroides. In: Materiali e Discussioni 19, 63–90

Barsby, J. (1973): Ovid, Amores I. Edited with translation and running commentary. Bristol

Barsby, J. (1978): Ovid. (Greece & Rome. New Surveys in the Classics, 12), Oxford

Bass, R. C. (1977): Some aspects of the structure of the Phaethon episode in Ovid's Metamorphoses. In: Classical Quarterly N. S. 27 (= Bd. 71), 402–408

Bauer, D. F. (1962): The function of Pygmalion in the ›Metamorphoses‹ of Ovid. In: Transactions and Proceedings of the American Philological Association 93, 1–21

Becker, C. (1971): Die späten Elegien des Properz. In: Hermes 99, 449–480

Berman, K. E. (1969): Propertian imitations in Ovid's Amores. Diss. Yale University

Berman, K. E. (1972): Some Propertian imitations in Ovid's Amores. In: Classical Philology 67, 170–177

Berman, K. E. (1975): Ovid, Propertius and the elegiac genre. Some imitations in the Amores. In: Rivista di studi classici 23, 14–22

Binnicker, C. M. (1967): Didactic qualities of Ovid's Ars amatoria. Diss. Chapel Hill

Bömer, F. (1969–1986): P. Ovidius Naso, Metamorphosen. Kommentar. 7 Bde, Heidelberg.

Bömer, F. (1988): Über das zeitliche Verhältnis zwischen den Fasten und den Metamorphosen Ovids. In: Gymnasium 95, 207–221

Boillat, M. (1976): Les Métamorphoses d'Ovide. (Publications Universitaires Européennes, Série XV: Philologie et littérature classiques, 8) Bern, Frankfurt am Main

Braun, L. (1981): Kompositionskunst in Ovids ›Fasti‹. In: Aufstieg und Niedergang der römischen Welt, Bd. II 31.4, Berlin, 2344–2383

Braune, J. (1935): Nonnos und Ovid. (Greifswalder Beiträge, 11) Greifswald

Buchheit, V. (1986): Ovid und seine Muse im Myrtenkranz. In: Gymnasium 93, 257–272

Cahoon, L. (1985): A program for betrayal. Ovidian »nequitia« in Amores 1.1, 2.1 and 3.1. In: Helios 12,1, 29–39

Castiglioni, L. (1906): Studi intorno alle fonti e alla composizione delle metamorfosi di Ovidio. (Studia philologica, 5) Rom, Nachdruck 1964

Charles, H. E. (1986): The design and arrangement of the episodes in Ovid's Metamorphoses. Diss. Northwestern University

Chevallier, R. (1982): Le mythe de Phaéthon d'Ovide à G. Moreau. In: R. Chevallier (Hg.), Colloque Présence d'Ovide. (Collection Caesarodunum XVII bis) Paris, 387–439

Coletti, M. L. (1981): Rassegna bibliografico-critica degli studi sulle opere amatorie di Ovidio dal 1958 al 1978. In: Aufstieg und Niedergang der römischen Welt, Bd. II 31.4, Berlin, 2385–2435

Colvrito, M.M. (1988): Pythagorean philosophy in Ovid's Metamorphoses. Diss. State Univ. of New York.

Copley, F. O. (1956): Exclusus amator. A study in Latin love poetry. New York, 2. Aufl. 1981

Courtney, E. (1965): Ovidian and non-Ovidian Heroides. In: Bulletin of the Institute of Classical Studies London 12, 63–66

Crabbe, A. (1981): Structure and content in Ovid's Metamorphoses. In:

Aufstieg und Niedergang der römischen Welt, Bd. II 31.4, Berlin, 2274–2327

Davis, J. T. (1977): Dramatic pairings in the elegies of Propertius and Ovid. (Noctes Romanae, 15) Bern, Stuttgart

Davis, J. T. (1989): Fictus adulter. Poet as actor in the ›Amores‹. Amsterdam

Dee, J. H. (1974): Arethusa to Lycotas. Propertius 4,3. In: Transactions and Proceedings of the American Philological Association 104, 81–96

Dietz, G. (1970): Phaethon (Met. I 747–II 400). In: G. Dietz, K. Hilbert, Phaethon und Narziss bei Ovid. (Heidelberger Texte, Didaktische Reihe, 3) Heidelberg, 5–46

Diggle, J. (1970): Euripides, Phaethon. Edited with prolegomena and commentary, Cambridge

Dimundo, R. (1985): Da Apollo a Cupido. Ov. Am. 1,1 e la scelta obbligata della poesia elegiaca. In: Orpheus 6, 1–24

Doblhofer, E. (1973): Ovid – ein »Urvater der Résistance«? Beobachtungen zur Phaethonerzählung in den Metamorphosen, 1,747–2,400. In: 400 Jahre Akademisches Gymnasium Graz. Festschrift, Graz, 143–154

Döpp, S. (1985): Properzens Elegie I, 22 – eine unvollständige Sphragis? In: Festschrift für Franz Egermann. München, 105–117

Döpp, S. (1991): Vergilrezeption in der Ovidischen ›Aeneis‹. In: Rheinisches Museum 134, 327–346.

Dörrie, H. (1968): Der heroische Brief. Bestandsaufnahme, Geschichte, Kritik einer humanistisch-barocken Literaturgattung. Berlin

Dörrie, H. (1974): Pygmalion. Ein Impuls Ovids und seine Wirkungen bis in die Gegenwart. (Rheinisch-Westfälische Akademie der Wissenschaften, Geisteswissenschaften, Vorträge G 195) Opladen.

Dörrie, H. (1975): P. Ovidius Naso. Der Brief der Sappho an Phaon, mit literarischem und kritischem Kommentar im Rahmen einer motivgeschichtlichen Studie. (Zetemata, 58) München

Donnet, D. (1965): Ovide, Properce et l'élégie latine. In: Les études classiques 33, 253–279

Due, O. St. (1974): Changing forms. Studies in the Metamorphoses of Ovid. Kopenhagen

Du Quesnay, M. le M. (1973): The ›Amores‹. In: J. W. Binns (Hg.), Ovid. London, Boston, 1–48

Effe, B. (1977): Dichtung und Lehre. Untersuchungen zur Typologie des antiken Lehrgedichts. (Zetemata, 69) München

Eggers, T. (1984): Die Darstellung von Naturgottheiten bei Ovid und früheren Dichtern. (Studien zur Geschichte und Kultur des Altertums N. F. 1, Reihe: Monographien, 1) Paderborn

Ehlers, W.-W. (1988): Poet und Exil. Zum Verständnis der Exildichtung Ovids. In: Antike und Abendland 34, 144–157

Elliot, A. G. (1973): Amores 1.13. Ovid's art. In: Classical Journal 69, 127–132

Elliot, A. G. (1980): Ovid's Metamorphoses. A bibliography 1968–1978. In: Classical World 73, 385–412

Evans, H. B. (1983): Ovid's publica carmina. Ovid's books from exile. Lincoln, London

Faider, P. (1923): Sénèque, De ira 1,1,4 et la Médée d'Ovide. In: Musée Belge 27, 131–133

Fairweather, J. (1987): Ovid's autobiographical poem, Tristia 4.10. In: Classical Quarterly N. S. 37 (= Bd. 81), 181–196

Fedeli, P. (1965): Properzio. Elegie libro IV. Testo critico e commento. (Pubblicazioni della facoltà di lettere e filosofia della Università degli Studi di Bari, 1) Bari

Fedeli, P. (1984): Sexti Properti elegiarum libri IV. Ed. P. F., Stuttgart

Fischer (geb. Lex), U. (1969): Ignotum hoc aliis ille novavit opus. Beobachtungen zur Darstellungskunst Ovids in den Heroides unter besonderer Berücksichtigung der Briefpaare her. 16 und 17 (Paris und Helena) und her. 20 und 21 (Acontius und Cydippe). Diss. Berlin, Augsburg

Fränkel, H. (1945): Ovid. A poet between two worlds. (Sather Classical Lectures, 18) Berkeley, Los Angeles; deutsch: Ovid. Ein Dichter zwischen zwei Welten. Darmstadt 1970 (danach zitiert)

Frécaut, J.-M. (1968): Les transitions dans les Métamorphoses d'Ovide. In: Revue des études latines 46, 247–263

Frécaut, J.-M. (1972): L'ésprit et l'humour chez Ovide. Grenoble

Fredericks, B. R. (1976): Tristia 4.10. Poet's autobiography and poetic autobiography. In: Transactions and Proceedings of the American Philological Association 106, 139–154

Fuhrmann, M. (1983): Die Epochen der griechischen und der römischen Literatur. In: B. Cerquiglini, H. U. Gumbrecht (Hgg.), Der Diskurs der Literatur- und Sprachhistorie. Wissenschaftsgeschichte als Innovationsvorgabe. Frankfurt am Main, 537–555

Galinsky, G. K. (1967): The Cipus episode in Ovid's Metamorphoses (15.565–621). In: Transactions and Proceedings of the American Philological Association 98, 181–191

Galinsky, G. K. (1975): Ovid's Metamorphoses. An introduction to the basic aspects. Oxford

Gauly, B. M. (1990): Liebeserfahrungen. Zur Rolle des elegischen Ich in Ovids Amores. (Studien zur klassischen Philologie, 48) Frankfurt am Main

Ginsberg, W. (1988): Ovid's Metamorphoses and the politics of interpretation. In: Classical Journal 84, 222–231

Glenn, E. G. (1986): The Metamorphoses. Ovid's Roman games. Lanham, New York, London

Gransden, K. W. (1979): »Lente currite, Noctis equi«. Chaucer, Troilus and Criseyde, 3.1422–70, Donne, The Sun Rising and Ovid, Amores 1.13. In: D. A. West, A. J. Woodman (Hgg.), Creative imitation and Latin literature. Cambridge, 157–171; 235–237

Greiner, Th. (1970): Der Aufbau von Ovids Remedia amoris. In: E. Zinn (Hg.), Ovids Ars amatoria und Remedia amoris. Untersuchungen zum Aufbau. (Der Altsprachliche Unterricht, Reihe 13, Beiheft 2) Stuttgart, 35–43

Grimal, P. (1958): La chronologie légendaire dans les ›Métamorphoses‹ d'Ovide. In: N. I. Herescu (Hg.), Ovidiana. Recherches sur Ovide. Paris, 245–257

Gross, N. P. (1975): Ovid, Amores 3.11A and B. A literary mélange. In: Classical Journal 71, 152–160

Gross, N. P. (1985): Amatory persuasion in antiquity. Studies in theory and practice. Newark, London, Toronto

Guthmüller, H.-B. (1964): Beobachtungen zum Aufbau der Metamorphosen Ovids, Diss. Marburg

Haege, H. (1976): Terminologie und Typologie des Verwandlungsvorgangs in den Metamorphosen Ovids. (Göppinger Akademische Beiträge, 99) Göppingen

Hall, J. B. (1990): Conjectures in Ovid's ›Heroides‹. In: Illinois Classical Studies 15, 263–292.

Heine, R. (1970): Catull. Auswahl aus den Carmina. Zusammengestellt und erläutert von R. H. Interpretationen. Frankfurt am Main

Heldmann, K. (1981): Schönheitspflege und Charakterstärke in Ovids Liebeslehre. Zum Proömium der ›Medicamina faciei‹. In: Würzburger Jahrbücher für die Altertumswissenschaft N.F. 7, 153–176

Henderson, A. A. R. (1979): P. Ovidi Nasonis Remedia amoris. Ed. with introduction and commentary. Edinburgh

Herter, H. (1958): Ovids Verhältnis zur bildenden Kunst, am Beispiel der Sonnenburg illustriert. In: N. I. Herescu (Hg.), Ovidiana. Recherches sur Ovide. Paris, 49–74

Herter, H. (1982): Das Concilium Deorum im I. Metamorphosenbuch Ovids. In: G. Wirth (Hg.), Romanitas – Christianitas. Untersuchungen zur Geschichte und Literatur der römischen Kaiserzeit. Festschrift Johannes Straub. Berlin, New York, 109–124

Herz, P. (1980): Der Aufbruch des Gaius Caesar in den Osten. In: Zeitschrift für Papyrologie und Epigraphik 39, 285–290

Hofmann, H. (1981): Ovids ›Metamorphosen‹ in der Forschung der letzten 30 Jahre (1950–1979). In: Aufstieg und Niedergang der römischen Welt, Bd. II 31.4, Berlin, 2161–2273

Hofmann, H. (1986): Ovid's ›Metamorphoses‹. Carmen perpetuum, carmen deductum. In: F. Cairns (Hg.), Papers of the Liverpool Latin Seminar, Bd. 5, 1985 (Arca, 19). Liverpool, 223–241

Hollis, A. S. (1973): The ›Ars amatoria‹ and ›Remedia amoris‹. In: J. W. Binns (Hg.), Ovid. London, Boston, 84–115

Hollis, A. S. (1977): Ovid, Ars amatoria. Book I. Ed. with an introduction and commentary. Oxford

Holzberg, N. (1981): Ovids erotische Lehrgedichte und die römische Liebeselegie. In: Wiener Studien N.F. 15 (= Bd. 94), 185–204

Holzberg, N. (1985): Publius Ovidius Naso, Liebeskunst. Ars amatoria. Lateinisch-deutsch. Hg. und übersetzt von N.H. München, Zürich

Holzberg, N. (1988): Publius Ovidius Naso, Metamorphosen. In deutsche Hexameter übertragen und hg. von Erich Rösch. Mit einer Einführung von N. H. 11. Aufl. München, Zürich

Holzberg, N. (1990/I): Die römische Liebeselegie. Eine Einführung. Darmstadt

Holzberg, N. (1990/II): Publius Ovidius Naso, Briefe aus der Verbannung. Tristia, Epistulae ex Ponto. Lateinisch und deutsch. Übertragen von W. Willige. Eingeleitet und erläutert von N. H., München, Zürich

d'Ippolito, G. (1964): Studi Nonniani. L'epillio nelle Dionisiache. (Quaderni dell'istituto di filologia greca della Università di Palermo, 3) Palermo

Jacobson, H. (1974): Ovid's Heroides. Princeton N. J.

Jacoby, F. (1905): Zur Entstehung der römischen Elegie. In: Rheinisches Museum 60, 38–105; wieder in: F. J.: Kleine philologische Schriften. Bd. 2. Berlin 1961, 65–121

Kennedy, D. F. (1984): The epistolary mode and the first of Ovid's ›Heroides‹. In: Classical Quarterly N. S. 34 (= Bd. 78), 413–422

Kenney, E. J. (1961): P. Ovidi Nasonis Amores, Medicamina faciei femineae, Ars amatoria, Remedia amoris. Ed. E. J. K., Oxford

Kenney, E. J. (1979): Two disputed passages in the Heroides. In: Classical Quarterly N. S. 29 (= Bd. 73), 394–431

Keul, M. (1989): Liebe im Widerstreit. Interpretationen zu Ovids Amores und ihrem literarischen Hintergrund. Frankfurt a. M.

Kirby, J. T. (1989): Humor and the unity of Ovid's ›Metamorphoses‹. A narratological assessment. In: C. Deroux (Hg.): Studies in Latin literature and Roman history, V (Collection Latomus, 206). Brüssel, 233–251

Kirfel, E.-A. (1969): Untersuchungen zur Briefform der Heroides Ovids. (Noctes Romanae, 11) Bern, Stuttgart

Knaack, G. (1886): Quaestiones Phaethonteae (Philologische Untersuchungen, 8), Berlin

Knox, P. E. (1986): Ovid's Metamorphoses and the traditions of Augustan poetry. (Cambridge Philological Society. Supplementary Volume, 11), Cambridge

Knox, P.E. (1988): Phaethon in Ovid and Nonnus. In: Classical Quarterly N. S. 38 (= Bd. 82), 536–551

Koster, S. (1985): Ovid und die Elegie. In: P. Neukam (Hg.): Klassische

Antike und Gegenwart (Dialog Schule – Wissenschaft; Klassische Sprachen und Literaturen, 19), München, 7–26

Kraus, W. (1942): P.Ovidius Naso. In: RE 18/2, 1910–1986; unter dem Titel ›Ovidius Naso‹ überarbeitet in: M. von Albrecht, E. Zinn (Hgg.), Ovid. (Wege der Forschung, 92) Darmstadt 1968, 67–166

Kraus, W. (1950): Die Briefpaare in Ovids Heroiden. In: Wiener Studien 65, 54–77; wieder in: M. von Albrecht, E. Zinn (Hgg.), Ovid. (Wege der Forschung, 92) Darmstadt 1968, 269–294

Krókowski, J. (1963): Ars amatoria – poème didactique. In: Eos 53, 143–150

Küppers, E. (1981): Ovids ›Ars amatoria‹ und ›Remedia amoris‹ als Lehrdichtungen. In: Aufstieg und Niedergang der römischen Welt, Bd. II 31.4. Berlin, 2507–2551

Labate, M. (1984): L'arte di farsi amare. Modelli culturali e progetto didascalico nell'elegia ovidiana. (Biblioteca di »Materiali e discuşsioni per l'analisi dei testi classici«, 3) Pisa

Lafaye, G. (1904): Les métamorphoses d'Ovide et leurs modèles grecs (Bibliothèque de la Faculté des Lettres de l'Université de Paris, 19), Paris; Neuausgabe: Im Anhang Heinrich Peters: Symbola ad Ovidii artem epicam cognoscendam, und Alfred Rohde: De Ovidi arte epica capita duo. Mit einer Einführung von Michael von Albrecht. Hildesheim, New York 1971

Latacz, J. (1979/I): Ovids ›Metamorphosen‹ als Spiel mit der Tradition. In: P. Neukam (Hg.): Verpflichtung der Antike (Dialog Schule-Wissenschaft – Klassische Sprachen und Literaturen, 12), München, 5–49

Latacz, J. (1979/II): Ovids ›Metamorphosen‹ als Spiel mit der Tradition. In: Würzburger Jahrbücher für die Altertumswissenschaft N. F. 5, 133–155. Gekürzte und überarbeitete Fassung von: Latacz, J. (1979/I)

Latta, B. (1963): Die Stellung der Doppelbriefe (Heroides 16–21) im Gesamtwerk Ovids. Studien zur ovidischen Erzählkunst. Diss. Marburg

Lausberg, M. (1982/I): Das Einzeldistichon. Studien zum antiken Epigramm. (Studia et testimonia antiqua, 19) München

Lausberg, M. (1982/II): Ἀρχέτυπον τῆς ἰδίας ποιήσεως. Zur Bildbeschreibung bei Ovid. In: Boreas 5, 112–123

Leach, E. W. (1964): Georgic imagery in the Ars amatoria. In: Transactions and Proceedings of the American Philological Association 95, 142–154

Le Bonniec, H. (1985): Apollon dans les Métamorphoses d'Ovide. In: J. M. Frécaut, D. Porte (Hgg.), Journées Ovidiennes de Parménie. Actes du Colloque sur Ovide (24–26 juin 1983), (Collection Latomus, 189) Brüssel

Lefèvre, E. (1987): Ovidius: alter ab illis. Die literaturgeschichtliche Bedeutung von Am. 1,1. In: G. Freyburger (Hg.): De Virgile à Jacob Balde. Hommage à Mme Andrée Thill. Paris, 129–134

Lenz, F. W. (1959): Einführende Bemerkungen zu den mittelalterlichen Pseudo-Ovidiana. In: Das Altertum 5, 171–182; ergänzte Fassung in: M. von Albrecht, E. Zinn (Hgg.), Ovid. (Wege der Forschung, 92) Darmstadt 1968, 546–566

Luck, G. (1970): Publius Ovidius Naso, Amores II 1. In: W. Eisenhut (Hg.), Antike Lyrik. (Ars interpretandi, 2) Darmstadt, 462–479

Lucke, Ch. (1982): P. Ovidius Naso: Remedia amoris. Kommentar zu Vers 397–814. Bonn (Habelts Dissertationsdrucke, Reihe Klassische Philologie, 33) Bonn

Lyne, R. O. A. M. (1979): Servitium amoris. In: Classical Quarterly N. S. 29 (= Bd. 73), 117–130

Lyne, R. O. A. M. (1980): The Latin love poets. From Catullus to Horace. Oxford

Mack, S. (1988): Ovid. New Haven, London

Manson, M. (1982): Le mythe de Pygmalion est-il un mythe de la poupée? In: R. Chevallier (Hg.), Colloque Présence d'Ovide (Collection Caesarodunum XVII bis) Paris, 101–137

Marg, W., R. Harder (1984): Publius Ovidius Naso: Liebesgedichte, Amores. Lateinisch und deutsch von W. M. und R. H., 6. Aufl. München, Zürich (1. Aufl. 1956)

Martindale, Ch. (1988): Ovid renewed. Ovidian influences on literature and art from the Middle Ages to the twentieth century. Hg. v. Ch. M., Cambridge, New York, Port Chester, Melbourne, Sidney

Martyn, J. R. C. (1981): Naso – Desultor amoris (Amores I–III). In: Aufstieg und Niedergang der römischen Welt, Bd. II 31.4, Berlin, New York, 2436–2459

Maurach, G. (1979): Ovids Kosmogonie. Quellenbenutzung und Traditionsstiftung. In: Gymnasium 86, 131–148

Maurer, J. (1990): Untersuchungen zur poetischen Technik und den Vorbildern der Ariadne-Epistel Ovids. (Studien zur klassischen Philologie, Bd. 49) Frankfurt a. M., Bern, New York, Paris

McKeown, J. C. (1987): Ovid. Amores. Text, prolegomena and commentary in four volumes. Bd. I. Text and prolegomena (Arca, 20) Liverpool

McKeown, J. C. (1989): Ovid. Amores. Text, prolegomena and commentary in four volumes. Bd. 2: A commentary on book one. (Arca, 22) Liverpool

Merkle, St. (1983): Amores 3,2 und Ars amatoria 1, 135–162 – ein Selbstplagiat Ovids? In: Živa Antika 33,2, 135–145

Miller, J. M. (1988): Some versions of Pygmalion. In: Ch. Martindale (Hg.), Ovid renewed. Cambridge, 205–214; 279–282

Misch, G. (1949): Geschichte der Autobiographie. Bd. 1/1. 3. Aufl. Frankfurt am Main

Morgan, K. (1977): Ovid's art of imitation. Propertius in the Amores. (Mnemosyne Suppl., 47) Leiden

Müller, D. (1987): Ovid, Iuppiter und Augustus. Gedanken zur Götterversammlung im ersten Buch der Metamorphosen. In: Philologus 131, 270–288
Müller, L. (1856): De Ovidi Amorum libris. In: Philologus 11, 60–91
Müller, U. (1971): Ovids ›Amores‹ – alba – tageliet. Typ und Gegentyp des »Tageliedes« in der Liebesdichtung der Antike und des Mittelalters. In: Deutsche Vierteljahrsschrift für Literaturwissenschaft und Geistesgeschichte 45, 451–480
Murgatroyd, P. (1981): »Servitium amoris« and the Roman elegists. In: Latomus 40, 589–606
Murgia, Ch. E. (1986): The date of Ovid's ›Ars amatoria‹ 3. In: American Journal of Philology 107, 74–94
Myerowitz, M. (1985): Ovid's games of love. Detroit
Neumeister, Ch. (1981): Mimesis und imitatio in Ovids Elegie Am. 2, 18. In: Antike und Abendland 27, 94–102
Nikolaidis, A. G. (1985): Some observations on Ovid's lost Medea. In: Latomus 44, 383–387
Norden, E. (1913): Agnostos Theos. Untersuchungen zur Formengeschichte religiöser Rede. Leipzig, Berlin
Oppel, E. (1968): Ovids Heroides. Studien zur inneren Form und zur Motivation. Diss. Erlangen, Nürnberg
Otis, B. (1970): Ovid as an epic poet. 2. Aufl. Cambridge
Owen, S. G. (1915): P. Ovidi Nasonis Tristium libri quinque. Ibis, Ex Ponto libri quattuor, Halieutica, fragmenta, recognovit ... S. G. O., Oxford (seither mehrfach nachgedruckt)
Palmer, A. (1898): P. Ovidi Nasonis Heroides, with the Greek translation of Planudes. Oxford, Nachdruck Hildesheim 1967
Paratore, E. (1958): L'elegia autobiografica di Ovidio. In: N. I. Herescu (Hg.), Ovidiana. Recherches sur Ovide. Paris, 353–378
Petersmann, M. (1976): Die Apotheosen in den ›Metamorphosen‹ Ovids. Diss. Graz
Pianezzola, E. (1972): Conformismo e anticonformismo politico nell' Ars amatoria di Ovidio. In: Quaderni dell' istituto di filologia latina dell' Università di Padova 2, 37–58
Pinotti, P. (1988): Publio Ovidio Nasone: ›Remedia amoris‹. Bologna
Pohlenz, M. (1913): Die Abfassungszeit von Ovids Metamorphosen. In: Hermes 48, 1–13
Primmer, A. (1982): Datierungs- und Entwicklungsfragen bei Vergil und Ovid. In: Wiener Studien N. F. 16 (= Bd. 95), 245–259
Reeve, M. D. (1973): Notes on Ovid's Heroides. In: Classical Quarterly N. S. 23 (= Bd. 67), 324–338
Richmond, J. (1981): Doubtful works ascribed to Ovid. In: Aufstieg und Niedergang der römischen Welt, Bd. II 31.4. Berlin, 2744–2783
Rieks, R. (1980): Zum Aufbau von Ovids Metamorphosen. In: Würzburger Jahrbücher für die Altertumswissenschaft N. F. 6b, 85–103

Rosati, G. (1983): Narciso e Pigmalione. Illusione e spettacolo nelle Metamorfosi di Ovidio. Con un saggio di Antonio La Penna. Florenz

Rosati, G. (1985/I): Forma elegiaca di un simbolo letterario. La Fedra di Ovidio. In: R. Uglione (Hg.), Atti delle giornate di studio su Fedra, Torino 7–8–9 Maggio 1984. Turin, 113–131

Rosati, G. (1985/II): Ovidio. I cosmetici delle donne, con testo latino e commento a fronte. Venedig

Sabot, A.-F. (1976): Ovide, poète de l'amour dans ses œuvres de jeunesse: Amores, Héroides, Ars Amatoria, Remedia Amoris, De Medicamine Faciei Femineae. Paris

Sabot, A.-F. (1981): Les ›Héroides‹ d'Ovide. Préciosité, rhétorique et poésie. In: Aufstieg und Niedergang der römischen Welt, Bd. II, 31.4, Berlin, 2552–2636

Sallmann, K. (1982–1984): Penelope oder die Anamorphose der Heroides Ovids. In: Acta antiqua academiae scientiarum Hungaricae 30, 283–302

Schleuter, S. A. (1975): Studies in Ovid's Ars amatoria. Diss. Austin

Schmitzer, U. (1990): Zeitgeschichte in Ovids Metamorphosen. Mythologische Dichtung unter politischem Anspruch. (Beiträge zur Altertumskunde, 4) Stuttgart

Schweikle, G. (1984): Rollenlyrik. In: G. und I. Schweikle (Hgg.), Metzlers Literaturlexikon. Stuttgart, 371

Seeck, G. A. (1975): Ich-Erzähler und Erzähler-Ich in Ovids Heroides. Zur Entstehung des neuzeitlichen literarischen Menschen. In: E. Lefèvre (Hg.), Monumentum Chiloniense. Studien zur augusteischen Zeit. Festschrift Erich Burck, Amsterdam

Segl, R. (1970): Die Pythagorasrede im 15. Buch von Ovids Metamorphosen. Diss. Salzburg

Showerman, G., G. P. Goold (1986): Ovid in six volumes. I: Heroides and Amores, with an English translation by G. Sh. Second edition revised by G. P. G. Cambridge (Mass.), London

Solodow, J. B. (1977): Ovid's Ars amatoria. The lover as cultural ideal. In: Wiener Studien N. F. 11 (= Bd. 90), 106–127

Solodow, J. B. (1988): The world of Ovid's Metamorphoses. Chapel Hill, London

Sommariva, G. (1980): La parodia di Lucrezio nell' ›Ars‹ e nei ›Remedia amoris‹ Ovidiani. In: Atene e Roma, N. S. 25, 123–148

Spurlock, L. C. (1975): Morality in Ovid's Ars amatoria. Diss. Iowa City

Stabryla, St. (1989): Owidiusz. Świat poetycki. Breslau

Steinmetz, P. (1987): Die literarische Form der Epistulae Heroidum Ovids. In: Gymnasium 94, 128–145

Stroh, W. (1968): Ein mißbrauchtes Distichon Ovids. In: M. von Albrecht, E. Zinn (Hgg.), Ovid. (Wege der Forschung, 92) Darmstadt, 567–580

Stroh, W. (1971): Die römische Liebeselegie als werbende Dichtung. Amsterdam

Stroh, W. (1979): Ovids Liebeskunst und die Ehegesetze des Augustus. In: Gymnasium 86, 323–352

Stroh, W. (1981): Tröstende Musen. Zur literarhistorischen Stellung und Bedeutung von Ovids Exilgedichten. In: Aufstieg und Niedergang der römischen Welt. Bd. II, 31.4, Berlin, 2638–2684

Syme, R. (1978): History in Ovid. Oxford

Tracy, V. A. (1970): The authenticity of Heroides 16–21. In: Classical Journal 66, 328–330

Tracy, V. A. (1979): One aspect of »nequitia« in Ovid's Amores. In: C. Deroux (Hg.), Studies in Latin literature and Roman history I. (Collection Latomus, 164) Brüssel, 343–348

Verducci, F. (1985): Ovid's toyshop of the heart. Epistulae Heroidum. Princeton, N. J.

Veyne, P. (1983): L'élégie érotique romaine. L'amour, la poésie et l'occident. Paris

Viarre, S. (1968): Pygmalion et Orphée chez Ovide (Met., X, 243–297). In: Revue des études latines 46, 235–247

Viarre, S. (1987): Des poèmes d'Homère aux ›Héroides‹ d'Ovide. Le récit épique et son interprétation élégiaque. In: Bulletin de l'Association Guillaume Budé, Suppl. 1, 2–11

Wardman, A. E. (1965): The rape of the Sabines (Ovid, Ars amatoria 1.89ff.). In: Classical Quarterly N. S. 15 (= Bd. 59), 101–103

Watson, P. (1983/I): Mythological exempla in Ovid's ›Ars amatoria‹. In: Classical Philology 78, 117–126

Watson, P. (1983/II): Ovid Amores 2,7 and 8. The disingenuous defence. In: Wiener Studien N. F. 17 (= Bd. 96), 91–103

Weber, M. (1983): Die mythologische Erzählung in Ovids Liebeskunst. Verankerung, Struktur und Funktion (Studien zur klassischen Philologie, 6). Frankfurt am Main

Wimmel, W. (1960): Kallimachos in Rom. Die Nachfolge seines apologetischen Dichtens in der Augusteerzeit. (Hermes-Einzelschriften, 16). Wiesbaden

Wise, V. M. (1977): Flight myths in Ovid's ›Metamorphoses‹. An interpretation of Phaethon and Daedalus. In: Ramus 6, 44–59

Register

1. Stellen

2. Namen und Sachen (in Auswahl)